Göttert · Eile mit Weile

Karl-Heinz Göttert

Eile mit Weile

Herkunft und Bedeutung der Sprichwörter

Philipp Reclam jun. Stuttgart

RECLAM TASCHENBUCH Nr. 20189

Reihengestaltung: büroecco!, Augsburg
Umschlaggestaltung: Eva Knoll, Stuttgart,
unter Verwendung von Carl Spitzwegs Gemälde
Der Sonntagsspaziergang (1841)
Gesamtherstellung: Reclam, Ditzingen
Printed in Germany 2012
RECLAM ist eine eingetragene Marke
der Philipp Reclam jun. GmbH & Co. KG, Stuttgart
ISBN 978-3-15-020189-3

www.reclam.de

Inhalt

Die Welt des Rechts

Gedanken zur Politik

Im Alltag

Konserviertes Brauchtum

Kleine Poetologie des Sprichworts

Große Sammler

Für die vielen Jahre guter Zusammenarbeit
Ursula Peters und Hans-Joachim Ziegeler gewidmet

Vorbemerkung

Als Bismarck das Ende seines Lebens nahen fühlte, soll er sich einen letzten Lesewunsch erfüllt haben – Ciceros Ethik *De officiis*, *Von den Pflichten*. Dabei muss er an die Stelle gekommen sein, wo der große Römer drei Formen des Lügens unterscheidet: das bloße Verbergen, das Vortäuschen und den glatten Betrug. Wer sein Getreide in knappen Zeiten teuer verkauft, obwohl er weiß, dass der Nachschub schon unterwegs ist, lügt *nicht*, sagt Cicero, wohl wissend, dass viele seiner damaligen Philosophenkollegen strenger urteilten. Wer bei einem Hausverkauf in den dazugehörigen Fischteich kurz vor der Besichtigung eimerweise Fische einfüllt, lügt *wirklich*, auch wenn er mit keinem Wort sagt, dass der Teich auch sonst fischreich ist. Wer behauptet, er habe nicht gemordet, und es doch getan hat, lügt *natürlich*. Was wird Bismarck durch den Kopf gegangen sein, wenn er an dieser Stelle seine Verhandlungen mit den europäischen Staaten Revue passieren ließ? Möglicherweise wird er sich an Machiavelli erinnert haben, der es mit Politikern besser meinte, als er in seinem Buch *Il Principe*, *Der Fürst*, den Betrug ausdrücklich rechtfertigte, weil die Welt für alles andere zu schlecht sei. Vielleicht fiel ihm auch Montaigne ein, der darüber witzelte, dass er für Lügen ein zu schlechtes Gedächtnis habe. Wahrscheinlich aber war es wie so oft beim eisernen Kanzler nur ein Sprichwort, an das er dachte, etwa: *Wer einmal lügt, dem glaubt man nicht*.

Wie auch immer es war, Sprichwörter haben genau diese Funktion: Sie helfen weiter, wenn es kompliziert wird. Sie sind die Schwerter, die die gordischen Knoten im Bereich der Probleme durchschlagen. Dafür werden sie geliebt, deshalb hat jeder sie dutzendweise parat, als ›komplette‹ Sprichwörter im ganzen Satz (wie *Wer einmal lügt …*) oder als sprichwörtliche Redensarten, die man in Sätze einflicht (wie *in die Binsen gehen*). Der letzte große Sammler des Materials, Lutz Röhrich, hat sich bei den unvermeidlichen Überschneidungen für ›sprichwörtliche Redensarten‹ entschieden und dabei hervorgehoben, dass die Redensart mit ihrer bloßen Bildhaftigkeit fungibler sei als das Sprichwort mit seiner klaren Lehre. So klar ist diese Lehre freilich nicht immer, und überhaupt kommt es auf Lehre jedenfalls heutzutage kaum noch an. Deshalb hier die Entscheidung für den geläufigen Terminus – mit gleitenden Übergängen nur in der anderen Richtung. Aber zurück zum Entscheidenden: Benutzt sie wirklich jeder? Auch die Intellektuellen, die genau wissen, dass diese Art durchschlagener Knoten die Eigenart haben, hinterher umso unentwirrbarer wieder zusammenzuwachsen?

Gerade die! Blicken wir in die Geschichte, so fehlt unter den Liebhabern kaum ein Name in der Reihe der Geistesgrößen. Schon Aristoteles schätzte Sprichwörter. Mittelalterliche Autoren eröffneten damit ihre Epen. Erasmus von Rotterdam sammelte und kommentierte über 4000. Luther legte sich buchstäblich einen Vorrat an, um stets daraus schöpfen zu können. In der Literatur der Neuzeit gibt es immer wieder Sprichwortexperten, in der Renaissance etwa Johann Fischart in seiner *Geschichtklitterung*. Im Barockzeitalter wäre Abraham a Sancta Clara zu nennen, der seine auf ein

Lesepublikum orientierten Predigten damit würzt. Lessing, der große Aufklärer, flicht Sprichwörter in seine Theaterstücke und Abhandlungen ein. Goethe macht sich in seiner Leipziger Zeit mit Sprichwörtern über die gestelzten Formulierungen der Aufklärer lustig, wie er in *Dichtung und Wahrheit* berichtet. Romanciers des 19. Jahrhunderts wie etwa Gottfried Keller oder Theodor Storm machen Gebrauch davon, um Moral oder Unmoral von Handlungen zu charakterisieren, im 20. Jahrhundert benutzt Bertolt Brecht sie zu seinen Attacken auf die bürgerliche Gesellschaft. Und nicht nur in der Literatur kommen Sprichwörter vor. Im Märchen sind sie ebenso zu finden, später in der Werbesprache – und nicht zuletzt in der Politik.

Das Sprichwort als Träger von Lebensweisheit also, von Lösungen, die das komplexe Denken nicht bietet? Vorsicht! Wer glaubt, das Problem des Lügens ließe sich mit sieben Wörtern lösen, irrt. Nicht einmal die Bibel drückt sich so klar aus. Josua im Alten Testament zum Beispiel wird keineswegs kritisiert, als er seinen Gegner täuscht, scheinbar flieht und dann die Falle zuschnappen lässt. Agamemnon konnte bei Homer seine aufmüpfigen Mitstreiter nur dadurch nach Troja locken, dass er sie zum Gegenteil aufforderte – auch hier Erfolg, auch hier gilt die Sympathie dem Lügner. In der Welt gibt es nun einmal selten Lösungen und am seltensten einfache. Wer angesichts dessen aufs Sprichwort setzt, führt oft genug Böses im Schilde. Die einfachen Lösungen sollen mundtot machen wie bei *Der Klügere gibt nach*. Oder es handelt sich um vernichtende Verurteilung: *stumm wie ein Fisch*. Und wieso dann die Liebe der Intellektuellen? Sind Intellektuelle Zyniker, die das Sprichwort als Lebensweisheit für die anderen sehen? Oder beruht die Liebe gerade umgekehrt auf dem insgeheimen Neid auf die Schlagfähigkeit des einfachen Mannes, auf die Geradlinigkeit des Volkes?

Vielleicht ist das Wort ›Lebensweisheit‹ bislang zu moralisch genommen. Es *gibt* die moralisierenden Sprichwörter, aber es gibt auch ganz andere Typen, vor allem schlichtere, die bloßen Hinweistafeln im Alltagsverkehr. *Das Kind mit dem Bade ausschütten* wäre ein Beispiel, weiter: *ein unbeschriebenes Blatt sein*. Der Reiz liegt hier nicht in der intellektuellen Lösung eines Problems, sondern eher in dessen Fassung in ein einprägsames Bild. Sprichwörter sind poetisch, sie *ersetzen* das Problem, manchmal durch Lyrik (*Eile mit Weile*), manchmal durch ein winziges Theaterstück (*Jemandem um den Bart gehen*). Selbst die moralisch kurzschlüssigen, die bärbeißigen unter ihnen haben im günstigen Fall diesen ›Witz‹, der die allzu kritische Nachfrage verstummen lässt. *Jeder ist seines Glückes Schmied*: Schon wieder diese Spießermoral, aber auch schon wieder ein wundervolles Bild. Fast könnte man über all dem den Zwang vergessen, das öde: nicht aufregen, sei fleißig! Dabei gibt es gerade unter den moralisierenden Sprichwörtern kaum eines, das nicht sein Gegenteil kennt. *Unverhofft kommt oft* – ja, vielleicht, aber es gilt auch: *Hoffen und Harren macht manchen zum Narren*. Sprichwörter sind so gesehen Lösungen, die auf Vorrat liegen, Formulierungen auf Abruf, Weisheit aus zweiter Hand, wie man gesagt hat. Man muss wissen, *wann* man welches Sprichwort verwendet. Nur im rechten Moment helfen sie, nur dem klugen

Verwender. Dann zeigen sie ihre Kraft, dank des Reizes, der in der Art der Lösung liegt, in der Kunst des kurzschließenden Denkens. Sprichwörter spricht man nicht umsonst häufig mit Augenzwinkern.

Also doch keine Lebensweisheit des Volkes? Auch hier Vorsicht! Wie auch immer man das Sprichwort definiert, sein Kern ist tatsächlich die Herkunft aus den Niederungen des Alltags, nicht von den Höhenrücken der Literatur. Hier liegt der Unterschied zum geflügelten Wort, das ein Zitat ist. *Der brave Mann denkt an sich selbst zuletzt* stammt aus Schillers *Wilhelm Tell. Es irrt der Mensch, solang er strebt* steht in Goethes *Faust.* Georg Büchmann ist dem nachgegangen und ordnet seine Beispiele sogar nach ihrer Herkunft an – von der Bibel bis zu den einzelnen Nationalliteraturen. Vieles davon lässt sich als Sentenz, als Merkspruch mit ›Gehalt‹, verstehen. Anderes fasst bloß griffig eine Handlung oder Situation zusammen, wie etwa *Was tun?, spricht Zeus* aus Schillers Gedicht *Teilung der Erde* oder Bölls *Ende einer Dienstfahrt.* Man will etwas sagen und sagt es mit einem berühmten Mund. Davon setzt sich das Sprichwort ab; man spricht gerade nicht mit einem berühmten, sondern mit einem anonymen Mund. Nur darf man sich nicht täuschen. Forscherfleiß hat in zahllosen Fällen gezeigt, dass der anonyme Mund nur ein anonym gewordener ist, dass das Wissen des Volkes das Wissen des unters Volk Gekommenen ist. Aber der Verwender weiß es nicht, will es nicht wissen oder verbirgt es gar, denn beim Sprichwort zählt das Vertrauen aufs Bewährte. Hier geht es im Gegensatz zu fast allem in unserer Welt einmal nicht ums Individuelle, Neue, Originale.

Hier geht es ums ›ewig‹ Gültige, jedenfalls Beständige, ja Bodenständige. Angesichts von *dernier cri* und Fortschrittsdenken ist das Sprichwort ein letzter Hort des Alten und Fortdauernden.

Wenn bei der Definition allzu strenge Grenzziehung nicht empfehlenswert ist, so soll im Folgenden dennoch etwas Ordnung geschaffen werden. So findet sich inhaltlich Zusammengehöriges in Kapiteln zusammengestellt. Dabei diente die nicht immer auf Anhieb deutliche Herkunft als ein Kriterium.

Den Beginn machen psychologische Einsichten, von denen eine dem Buch den Titel gegeben hat: *Eile mit Weile*. Dem folgen weitere große Themen, die das Sprichwort behandelt, regelrecht abarbeitet. Hierzu gehört die Moral, darunter: *Wer einmal lügt, dem glaubt man nicht*. Davon abzugrenzen ist das Recht bzw. das alte Rechtsleben, bei dem es besonders viel Undurchschautes gibt: *Aller guten Dinge sind drei*. Aus dem Feld der Politik stammen Beispiele wie *von einem Toten Steuern verlangen*. Außer zu den Inhalten soll auch etwas zur Poetologie, zur Machart der Sprichwörter, gesagt werden, zu den Bildern, Sprachspielen, zur Frage der Entstehung neuer Sprichwörter und zur Abgrenzung von Nachbargattungen wie dem geflügelten Wort oder dem Aphorismus. Schließlich sind einige große Sprichwortsammler behandelt: bekannte Namen wie Erasmus von Rotterdam und Luther, aber auch weniger bekannte wie Josua Eiselein und Karl Simrock. Wer den Bereich des Aberglaubens vermisst, sei auf das Vorgängerbüchlein verwiesen, auf: *Daumendrücken. Der ganz normale Aberglaube im Alltag* (Stuttgart 2003).

Was ist das Ziel des Ganzen? Einesteils Aufdeckung des ›Sinns‹ einzelner Sprichwörter. Immer wieder finden sich selbst unter gängigen Beispielen solche, die man verwendet oder versteht, ohne angeben zu können, was sie eigentlich bedeuten (*Jemanden ins Bockshorn jagen*). In anderen Fällen glaubt man die Bedeutung zu kennen und ahnt nicht, dass man völlig falsch liegt (*Jemanden grün und blau schlagen*). Schließlich sind Sprichwörter im Umlauf, bei denen selbst die Experten nicht wissen, worauf sie eigentlich zurückgehen (*Es geht aus wie das Hornberger Schießen*). Aber bei diesem Erklären soll es nicht bleiben. Wichtiger ist der Gebrauch, die Funktion des Sprichworts. In früheren Zeiten, vor allem in der Blütezeit im 16., 17. Jahrhundert, ging man ganz fraglos von der Belehrung aus, von der ›Weisheit‹: Auch ein Erasmus von Rotterdam sprach vom »tiefen Sinn«. Dann aber bekommt man Schwierigkeiten mit den Widersprüchen. Im 19. Jahrhundert sah man eher die Möglichkeit, anhand der Sprichwörter etwas über ein Volk zu erfahren, so wie man mit gleicher Absicht Märchen und Lieder durchforstete. Hier zeigen sich die Schwierigkeiten eher darin, dass die Sprichwörter Landesgrenzen offenbar immer besser überwunden haben als ihre Benutzer. Inzwischen gibt es ein anderes Ziel: eben die Verwendung. Sprichwörter, so die allgemeine Überzeugung, sind eigentlich nie ›an sich‹ gut oder schlecht. Sie stellen geronnene Beobachtungen oder auch Argumente dar, die ihre Stärke oder Schwäche erst im Einsatz zeigen. Wir wollen dem hier noch eine besondere Wendung geben, an die Rhetorik anknüpfen.

Die Rhetorik wusste schon immer um diese Art von

Funktion. Rhetoriker empfahlen, sich in Reden auf Bewährtes zu stützen, auf das, was jeder kennt. Wer einen Mörder verteidigt, sollte zum Beispiel dessen Herkunft ins Spiel bringen – eine niedrige ›motiviert‹ vielleicht den Mord und mindert die Schuld. Genauso war es mit den Umständen, mit Alter und Geschlecht und so fort. Man sollte möglichst ›Typisches‹ heranziehen, denn Typisches wird viel besser verstanden als Individuelles. Dabei aber ist klar, dass Typisches (in der Rhetorik sprach man von Topoi) nicht als solches wirkt, sondern immer nur in der geschickten Verwendung. Genauso kann man sich das Sprichwort vorstellen. Sein größter Vorzug ist ja ebenfalls die ›Bekanntheit‹. Es ist immer eine Leistung, wenn der Sprecher sein Problem in ein Sprichwort ›fasst‹: Er hat das Typische erkannt – der Hörer merkt und anerkennt dies. Und man kann noch einen Schritt weiter gehen, indem man das Sprichwort nicht nur ›ernst‹, sondern ironisch, sarkastisch, also spielerisch verwendet, es möglicherweise abändert, parodiert, persifliert. In diesen Fällen liegt die Leistung noch mehr beim Verwender, als wenn er das Sprichwort gleichsam nur abruft.

Ob sich damit nicht auch die heutige Beliebtheit des Sprichworts erklärt? Man hat demgegenüber auf die Bildlichkeit in einer bildüberfluteten Zeit getippt. Ja, die Bilder sind oft schön! Aber können sie, gehört oder gelesen, wirklich mit der Mattscheibe konkurrieren? Näher liegt da doch wohl das ›Spiel‹. Natürlich gibt es auch heute noch ›Didaktiker‹, die Mutter zum Beispiel, die ihren Sprössling mit *Morgenstund hat Gold im Mund* aus dem Bett zu holen versucht. Den Erfolg kennen wir alle. Wer hätte sich nicht schon über diese ›Sprüche‹ geärgert? Aber das gleiche Sprichwort von jemandem verwandt, der gerade gefragt wurde, wie er das alles schafft, was er schafft. Jetzt ist es ein feines Spiel, jede umständliche Begründung wäre unweigerlich peinlich, plump. Wer dies so nicht anerkennen mag, sei zuletzt auf die Literatur verwiesen. Dort war es schon immer so, dass Autoren mit Sprichwörtern spielten. Vielleicht sind wir heute eben alle wenigstens auf diesem Feld kleine Künstler geworden oder wollen es jedenfalls sein. Dieses Buch will dazu durchaus Anregungen vermitteln.

Psychologische Einsichten

Eile mit Weile

Man stelle sich ein kleines Bild vor: Ein Delphin ist zu sehen, der einen Schiffsanker umschlingt. Ob man den Sinn errät? Vielleicht, wenn man weiß, dass ein antiker Kaiser es als Wahlspruch auf seine Münzen prägen ließ? Oder dass ein Buchdrucker es als Firmenzeichen, als sein Logo, benutzte (es ist diesem Kapitel vorangestellt)?

Wohl kaum! Es ist ja auch so schon auf ein Rätsel hin angelegt: *Eile mit Weile*. Spute dich und spute dich nicht, sei wie ein Delphin und wie ein Anker: schnell und unerschütterlich zugleich. Erasmus schätzte es als sein Lieblingssprichwort und behandelt es so ausführlich wie sonst keines – in der Reclam-Ausgabe auf 23 Seiten (mit kompletter, aber bedenklicher Delphinologie: Wie sollen Krokodile die Todfeinde der Delphine sein?). Und er lässt auch erkennen, was ihn so fasziniert: eben das Rätselhafte, Widersprüchliche, noch dazu in dieser Kürze. »Tiefer«, »in allen Lebenslagen gültiger« Sinn in fünf Silben, auch im Lateinischen, wo freilich statt des Reims ein eingängiger Rhythmus vorliegt: *festina lente*, Betonung jeweils auf der ersten Silbe (also ein *cursus planus*).

Tiefer Sinn? Gar »uralte Weisheit« aus »verborgenen Tiefen«? Zunächst einmal scheint sicher, dass es keinen Autor gibt. Vielleicht habe Aristophanes den Start ermöglicht mit der Formulierung: *Eile unverweilt*, was pleonastisch, also doppelt gemoppelt war und einen Findigen anregte, es zur Antithese hochzustilisieren. Dies wäre der Augenblick gewesen, in dem der Edelstein seinen Schliff erhielt, die Brillanz. Antithesen wirken wie kleine Leuchtsignale, man versteht eine Aussage besser, wenn sie so zugespitzt daherkommt. Und es hat ja auch gezündet. Schon Augustus erkor das Sprichwort zu seinem Wahlspruch, auf die Münzen brachte es Vespasian einige Jahrzehnte später. Kaisern stehe dies wohl an, fügt Erasmus hinzu, der sofort in Klagen über Fürsten ausbricht, die mit übereiltem Handeln ihre Völker ruinieren.

Aber auch ›normalen‹ Menschen diente der Spruch zur Orientierung, eben Aldus Manutius, dem großen Drucker in Venedig, bei dem die *Adagia* in der ersten großen Erweiterung herauskamen. Dabei verbreitet sich Erasmus über Schlamperei in einem Gewerbe, das damals erst rund fünfzig Jahre alt war, aber völlig anders funktionierte als die früheren Gewerbe. Es gab keine offizielle Ausbildung, keine Kontrollen. Bäcker dürfe noch lange nicht jeder werden, mault der Gelehrte, Drucker wohl, und verlangt unverblümt nach Einschreiten der Obrigkeit bei gleichzeitigem Zweifel, ob Fürsten wirklich an Kultur interessiert seien. Dabei ging es um das, was jedem Humanisten heilig ist: um unverderbte Texte, bei deren Herstellung Eile erwünscht ist, sich Übereilung dagegen katastrophal auswirkt. Wenn man so weitermacht, werde die Menge an Unbrauchbarem das Wertvolle unweigerlich ersticken. Ein gerade geborenes Medium bringt sich selbst um – heute bedrohen Viren das *World Wide Web*.

Aber noch einmal: »Weisheit«, »Tiefe«? Es ist eher wie immer. Nicht das Sprichwort ist weise, es gibt nur intelligente Verwender. *Eile mit Weile!* Wer sich *übereilt* hat, versteht, wenn ihm das Sprichwort vorgehalten wird. Und das ganz ohne zu rätseln.

Morgenstund hat Gold im Mund

Sprichwörter sind nicht Literatur, gehören nicht den *litterae*, dem Reich der (gedruckten) Buchstaben an, sondern wollen gesprochen sein. Fast alle Sammlungen, von der Antike bis heute, stützen sich aus verständlichen Gründen dennoch immer auf schriftliche Überlieferung. Was kommt heraus, wenn man wirklich einmal Methoden der Feldforschung anwendet und Leute auf der Straße fragt? Eine kleine Studie aus dem Jahre 1983, die der bekannte Soziologe Karl Erwin Scheuch zusammen mit K. Hattemer im Auftrag der Firma Intermarket (einer Gesellschaft für Markt- und Meinungsforschung) angefertigt hat, gibt Auskunft. 363 Personen beantworteten unter anderem die Frage, welches Sprichwort sie am liebsten verwenden. 26 Mal lautete die Antwort *Morgenstund hat Gold im Mund*. Mit 21 Nennungen folgte *Wer andern eine Grube gräbt, fällt selbst hinein*. In der neuesten Untersuchung mit immerhin 1322 Probanden, über die Mieder im Jahre 2003 berichtet, ist die Abfolge zwar umgekehrt, die hohe Frequenz von *Morgenstund hat Gold im Mund* aber immer noch klar bestätigt.

Was bedeutet das? Dass die Deutschen ein Volk von Langschläfern sind, die vom frühen Aufstehen träumen? Oder dass sie Leistung schätzen und nicht rasch genug damit anfangen können, diese unter Beweis zu stellen? Vorsicht! Ein Blick auf unsere Nachbarn zeigt, dass der Sinn des Sprichworts überall verbreitet ist, auch wenn sich die Bilder unterscheiden. *A bon gain qui se lève matin* (*Wer sich früh erhebt, macht großen Gewinn*), heißt es in Frankreich. Die Engländer benutzen ein Bild, das auch bei uns als Variante gut etabliert ist: *The early bird catches the worm* (*Der frühe Vogel fängt den Wurm*). Bei den Ungarn findet der Frühaufsteher ein Goldstück.

Vielleicht enttäuschender im Hinblick auf die Enthüllung des Nationalcharakters aus dem Geist seiner Sprichwörter dürfte die Tatsache sein, dass wieder einmal das Latein und damit das (gesamt)europäische Mittelalter den Ursprung bildet. *Aurora*, die antike Göttin, wurde von *aurum*, Gold, abgeleitet. Nach der Mythologie ist sie die ewig junge Gattin des greisen Tithonus (für den sie einst die Gabe der ewigen Jugend zu verlangen vergaß), entsprechend mit allen Reizen ausgestattet, die der jungen Frau und dem jungen Morgen gleichermaßen zukommen: rosig blühend, in rosigem Gewand. Aber es gibt (für die Völkerpsychologie) noch Enttäuschenderes. Mediziner sagen uns, dass das Frühaufstehen weniger mit dem Willen zu tun hat als mit dem Fleisch, genauer: mit dem Kreislauf. Langschläfer und Frühaufsteher werden also (überall) geboren – so wie Eulen und Lerchen. Vermutlich haben Frühaufsteher mit diesem Sprichwort also immer nur, und zwar zu Unrecht, die langschläferische Spezies geärgert.

Gibt es dafür einen Reflex im Sprichwort? Fast möchte man sagen: natürlich! Die Rache der Langschläfer, die sich ihrer Unschuld wohl nie bewusst waren, ließ nicht auf sich warten. Noch mit deutlich durchscheinendem schlechtem Gewissen hieß es: *Morgenstund hat Gold im Mund – und Blei im Arsch.* Erst völlige Befreiung aber brachte die kraftstrotzende Variante: *Morgenstund ist aller Laster Anfang.*

Morgen wartet das Grab

Es klingt wie ein Sprichwort, aber man kennt es nicht. Kein Wunder, stammt es doch von Kleinbauern in Algerien, die jenseits westlicher Zivilisation in einer Art Übergangsgesellschaft leben. Außerdem liegen zwei Übersetzungen dazwischen: vom Arabischen ins Französische, von da ins Deutsche. Aber auch, wer perfekt Arabisch spräche, hätte Schwierigkeiten mit dem Verstehen. Das Sprichwort gehört nicht nur einem anderen Volk, einer anderen Sprache, sondern einem anderen Denken an. Der Soziologe und Ethnologe Pierre Bourdieu hat dieses Denken analysiert und sich dabei auch auf Sprichwörter gestützt. *Azka d azqa* heißt es in erkennbarer Prägnanz, in klanglicher Wohlgeformtheit: *Morgen wartet das Grab.* Aber es hat nicht das Geringste zu tun mit unserem *Memento mori, Denke daran, dass du sterblich bist.*

Was der Kultur der algerischen Bauern zugrunde liegt, ist eine andere Vorstellung von der Zeit. Die Zeit verläuft zyklisch, Aussaat und Ernte kehren immer wieder, und zwar von selbst, so dass jede Form der Einflussnahme, der Beherrschung, des Kalküls unsinnig erscheint. Die soziale Ordnung beruht darauf, dass niemand auf die Idee kommt, in die Gemeinschaft des Besitzes buchhalterische Elemente zu bringen, den individuellen Anteil des Einzelnen zu berechnen. Im Gegenteil, alles Rechnen ist verboten. Weder das Saatgut darf gezählt werden noch die zum Ausbrüten bestimmten Eier. Auch gegen Uhren, die »Mühlen des Teufels«, gibt es Widerstand. Der immer prekäre Fortbestand der Gemeinschaft macht Vorsorge notwendig, aber es wird alles dafür getan, sie zu verbergen. Der ›objektive‹ Nachteil aus dem Verzicht auf Planung wird aufgewogen vom Bewusstsein, in einer ›Ordnung‹ zu leben.

Entsprechend gestaltet sich der Austausch der Güter, ohne den auch eine solche Gemeinschaft nicht auskommt. Gerade hier wird deutlich, dass es anders als in ›zivilisierten‹ Gesellschaften nicht um Gerechtigkeit oder gar um Profit geht. Vielmehr geht es um Ehre. Gaben zu verteilen, ohne dass der Beschenkte Gegengaben bereit hielte, würde als Abwertung empfunden. Deshalb rangiert der Wert der Großzügigkeit so hoch, Reichtum ist dazu da, um ihn zu nutzen, denn er stammt von Gott, der ihn gibt, wem und wann er will. Auch hier wird deutlich, dass der (andere) Zeitbegriff eine Rolle spielt: Der Reichtum entspringt nicht kalkulierender Arbeit, sondern fällt von natürlichen Mächten zu, die niemand wirklich beeinflussen, geschweige bändigen kann. *Gib der Erde deinen Schweiß, sie wird dich beschenken*, lautet das dazu passende Sprichwort. Arbeite, aber versuche nicht, dich mit der Natur anzulegen, könnte man übersetzen. Dann gibt es schon eher die Sorge, die Erde auszubeuten, wie ein beschwichtigendes Sprichwort deutlich macht: *Die Erde wird schon Rechenschaft verlangen.*

Man versteht nun mit Bourdieus Hilfe das erste Sprichwort besser. Es handelt nicht vom Tod, sondern vom Leben – in einer anderen Gesellschaftsordnung. Man kann es vielleicht so übersetzen: Wer denkt schon an morgen, an die Zeit, die ganz und gar in der Hand der Götter ist? Von morgen wissen wir nur eines – dass das Grab wartet.

Die großen Fische fressen die kleinen

Wenn man Sprichwörtern ihr Alter ansehen könnte! Aber man täuscht sich darin noch viel mehr als bei Menschen. *Die großen Fische fressen die kleinen* – wie genau passt das zu Globalisierung und feindlichen Übernahmen! Und dann kommt die Auskunft: erstes schriftliches Zeugnis in Europa bei Hesiod, 8. Jahrhundert v. Chr., noch etwas früher als Homer. Aber Vorsicht, Hesiod war kaum der Erfinder, es gibt Hinweise auf älteres Vorkommen. Die Griechen gehören sprachlich zur großen Familie der Indogermanen, die, wie der Name sagt, aus dem alten Indien stammen und sich in immer neuen Einwanderungswellen über ganz Europa ausbreiteten, bis zu uns. Erste Schriftzeugnisse bietet das Sanskrit, die heilige Sprache der Inder. In einem schon späten Epos, zwischen 600 und 200 v. Chr. entstanden, ist mehrfach die Rede von den Starken, die die Schwachen fressen. Aber dann gibt es ja auch noch andere intelligente Völker mit früher Schriftkultur, die Chinesen zum Beispiel. Wenn die das Sprichwort ebenfalls besaßen: Von wem stammt es dann?

Zunächst zu den Chinesen! Sie besitzen es tatsächlich in geringer Abwandlung beziehungsweise in Erweiterung: *Die großen Fische fressen die kleinen; die kleinen Fische fressen die Wasserinsekten; die Wasserinsekten fressen Wasserpflanzen und Schlick*. Weiter kann man auf die Türken verweisen, ebenfalls keine Indogermanen, die lediglich mit dem Numerus experimentierten: *Der große Fisch frisst den kleinen Fisch*. Im hebräisch (also wieder in einer nicht-indogermanischen Sprache) geschriebenen Alten Testament steht das Sprichwort beim Propheten Habakuk im 7. Jahrhundert v. Chr., kommentiert im babylonischen Talmud um 450 v. Chr. Damit endlich zur entscheidenden Frage: Von wem stammt es denn nun? Fast kann man sich die Antwort denken. Es hat keinen Zweck, so zu fragen, weil es leicht möglich ist, dass das Sprichwort an ganz verschiedenen Orten unabhängig erfunden wurde. Das Leben war auch vor Auftreten von *global players* so und niemand kann garantieren, dass nicht irgendein ungebildeter Neureicher es nach mindestens dreitausendjährigem Bestehen noch einmal neu ›erfindet‹.

Was Forscherfleiß zusammengetragen hat (Wolfgang Mieder hat es referiert und bis in die Gegenwart fortgeführt), stimmt hinsichtlich Erstschöpfung jedenfalls skeptisch – trotz geschlossener Tradition in etwa dreißig germanischen und romanischen Sprachen. Eher selten findet man geringe Abwandlung wie im Dänischen, das den Nachsatz kennt: *so unterliegen die, welche am wenigsten vermögen*. Dabei ist man froh, auf die Verwendung bei Aristoteles in dessen *Tiergeschichte* zu stoßen, weil man sich hinsichtlich dessen Rezeption sicher sein kann. Und tatsächlich taucht das Sprichwort in der mittelalterlichen ›Tierkunde‹ auf, die die reichlich fabulösen Angaben bei Aristoteles noch einmal steigert, indem sie durch allerlei Allegorisches geschmückt werden wie etwa beim Löwen, der mit offenen Augen schläft, um ihn mit Christus vergleichen zu können. Unser Sprichwort kommt auch vor und bezieht sich – auf den Wal. Aber etwas so Falsches hält keine Tradition aus. Zumindest dieser Fall ist der ultimative Beweis für spontane Erfindung.

Du bist nicht irgendwo, du bist überall

Während diese Zeilen entstehen, geht die Nachricht durch die Medien, dass es mit Hilfe des Hubble-Teleskops gelungen ist, eine 13 Milliarden Lichtjahre von uns entfernte Galaxie ausfindig zu machen. Dagegen erscheinen die 4000 Jahre alten Sprichwortsammlungen der Sumerer, die Edmund I. Gordon veröffentlicht hat, wie ein Nichts. Und doch kann man beides miteinander vergleichen: Viel weiter zurück geht es weder im einen noch im anderen Fall. Viel früher ist nämlich weder das Weltall entstanden noch die Schrift. Und ganz gewiss war es ein Glücksfall, dass sich die zerbrochenen Tontafeln im Wüstensand des heutigen Irak offenbar als zu Schulzwecken benutzte Abschriften von zwei großen Sprichwortsammlungen (mit insgesamt 366 Sprichwörtern) aus der frühen alt-babylonischen Zeit entpuppten. Wir Laien, die wir reichlich ratlos die Fotografien der in Keilschrift verfassten Texte betrachten, haben wohl alle dieselbe Frage: Was hatte sich dieses semitische Volk in seiner frühen Hochkultur in Sprichwörtern zu sagen?

Vielleicht als Erstes die Information, dass am Sprichwortcharakter selbst kein Zweifel besteht. Es handelt sich um ein- bis mehrzeilige Ratschläge oder Feststellungen zum Alltagsleben, die mit Bildern, Reimen oder Parallelismen häufig eine kunstvolle sprachliche Gestaltung aufweisen. *èm-ki-di-ta-nu-m*[*è*]*n èm-ki-šár-ta-mèn*, heißt es etwa, wozu die Übersetzung lautet: *Du bist nicht irgendwo, du bist überall* – eine Kritik am Unsteten offenbar. Ganz symmetrisch aufgebaut ist auch: *Was du gefunden hast, darüber sprichst du nicht;*

(nur) was du verloren hast, darüber sprichst du – was sich ersichtlich an diejenigen richtet, die immer nur das Schlechte um sich bemerken.

Schon an diesen Beispielen wird eine gewisse Tendenz deutlich: Es geht um Lebensweisheit mit psychologischem Hintergrund. Tue nichts, was schon getan ist, heißt es, auch: Tue nichts Ineffektives (nur viel poetischer: *Bitte keine niedrige Gottheit, am Leben zu bleiben*). Zwar gibt es auch Schlichteres wie: *Wer zu viel isst, schläft schlecht* oder den auch nicht besonders tiefsinnigen Stoßseufzer eines Mannes, *wenn seine Frau und seine Mutter außer Haus sind, werde er Hungers sterben*. Aber die feine Beobachtung der Bedingungen und Folgen von Status oder Handeln dominiert, ja kann sich in ganzen Gruppen von Sprichwörtern äußern. So wird etwa der Arme durchaus mit Sympathie betrachtet und seine Lage entsprechend analysiert: Er beklagt sich nicht, sorgt sich um Ausgeliehenes, betrachtet den Reichen einfach mit Verachtung oder tröstet sich mit dem Gedanken: *Wer viel besitzt, hat auch viel zu beschützen*.

Darin klingen durchaus Ideen an, die auch ›unsere‹ Sprichwörter enthalten. Und wer direkte Parallelen sucht, wird noch viel konkreter fündig. Dass der Schuster bei seinem Leisten bleiben soll, gehört ebenso dazu wie die Erfahrung, dass dem nicht mehr geglaubt wird, der einmal gelogen hat. Nur klingen die Aussagen immer ›fremd‹. Im letzten Fall heißt es: *Lüge oder sage die Wahrheit: es wird als Lüge betrachtet*. Aber man muss sich daran erinnern: Aufgeschrieben wurde dies vor 4000 Jahren!

Ein Herz und eine Seele

Dass die geistig-gemüthaften Kräfte des Menschen im Körper einen ›Sitz‹ haben, ist wohl in allen Kulturen ausgemacht. Bei uns spielt das Herz die wichtigste Rolle, auch wenn Philosophen wie Platon glaubten, das Denken spiele sich im Gehirn ab. Aristoteles, der seinem Lehrer wie immer widersprach, dachte an eine Vernunftseele, die er im Herzen platzierte – Aristoteles war fürs Handfeste, in diesem Fall geradezu Sezierbare, auch wenn er mit seiner Drei- statt Zweikammerntheorie des Herzens seinen Realitätssinn wieder Lügen strafte.

Jedenfalls bekunden unsere Sprichwörter die Herz-These in zahlreichen Varianten. Wir *schütten das Herz aus*, wenn wir uns erleichtern. *Es rutscht uns in die Hose* (manchmal auch *in die Schuhe*), wenn wir es mit der Angst zu tun bekommen. Wir *nehmen uns etwas zu Herzen*, *schließen jemanden hinein* oder dieser Jemand *wächst uns ans Herz*. Es *liegt uns etwas am Herzen*, wir *bringen etwas nicht übers Herz* oder wir *fassen uns ein Herz* – in allen diesen Formulierungen werden Entscheidungen, Empfindungen mit diesem durchaus lokalisierbaren Körperteil verbunden. So recht ernst ist diese Lokalisierung aber dann doch nicht gemeint. Irgendwie gibt es zweierlei Herzen: dasjenige, das das Blut durch den Körper pumpt, und dann dieses andere Herz, das man in den Sprichwörtern ›eigentlich‹ meint. Dieses Herz hat weder zwei noch drei Kammern, selbst dann nicht, wenn es *blutet*. Wie sollte man auch *das Herz in seine Hand nehmen*, wenn nicht etwas ganz anderes gemeint wäre? Nein, das schlagende Herz ist nur ein Ersatz, eine Projektionsfläche für alles, was wir denken, fühlen, leiden – ganz besonders den Schmerz, der wenigstens im Deutschen wie geschaffen ist fürs Herz.

Seltsam eigentlich nur, dass man überhaupt unbedingt dieses Herz wollte und sich nicht mit der unkörperlichen Seele begnügte, die alles viel einfacher gemacht hätte. Fast klingt es nach schlechtem Gewissen, wenn sie das Herz gewissermaßen ergänzt, als wolle sie das Denken in die richtige Richtung leiten. *Sie waren ein Herz und eine Seele* heißt es in der Apostelgeschichte 4,32, wo von den ersten Christen erzählt wird, die sich so gut verstanden, dass sie alle Güter miteinander teilten. Schon im Alten Testament (Deut. 4,29) wird das Volk Gottes dazu aufgefordert, sich *von ganzem Herzen und mit ganzer Seele* um seinen Herrn zu bemühen. Demgegenüber sind reine Seelen-Sprichwörter seltener: Es gibt den *Seelenverkäufer* und die *Seele des Geschäfts*, wobei die Seele als *pars pro toto* für den Menschen insgesamt dient. Höchstens beim *Aushauchen der Seele* oder, wenn *die arme Seele Ruh hat*, ist an den ›Geist‹ gedacht.

Und andere Körperteile als Sitz von Denken und Fühlen? Die sind noch seltener: *frei von der Leber weg* lässt sich nennen. Schon der nächste Fall zeigt bereits, wie schlecht man auf das Herz verzichten konnte: *auf Herz und Nieren prüfen*.

Nolens volens

Zweimal in unserer Kulturgeschichte ist das menschliche Wollen in beispielhafter Weise unter die Lupe genommen worden – beide Male mit ähnlichem Ergebnis: Unser Wollen stammt nicht von uns, nicht aus den rationalen Schichten unseres Selbst. Augustinus glaubte, dass die durch Adams Sünde verderbte Menschennatur das Wollen bestimme: Wir ›wollen‹ Dinge, die wir eigentlich *nicht* wollen. Sigmund Freud deckte die unbewussten Anteile des Wollens auf und führte sie vor allem auf die Macht der Sexualität zurück. Augustinus und Freud waren sich völlig einig darin, dass wir Menschen nicht frei sind. Augustinus sprach von der »Freiheit eines Flüchtlings«, Freud von der Steuerung durch Triebe, besonders der Destruktion und Aggression.

Klar, dass sich das Sprichwort *Nolens volens* (Wollen, ohne zu wollen) nur auf Augustinus stützen kann, wo es auch wörtlich vorkommt, zum Beispiel in der späten Schrift, in der er seine früheren Lehren kritisch sichtet und teilweise widerruft, den *Retractationes* (427–428). Aber die ganze Wucht der Analyse entfaltet er in den *Bekenntnissen* (397–398), die seinen Werdegang vom Heiden zum Christen beschreiben. Schon am kindlichen Birnendiebstahl macht er sich klar, dass es ihm nicht um die Birnen gegangen war, sondern um die ›Macht‹, Unerlaubtes ungestraft zu tun: »Mir gefiel nicht, *was* ich stahl, sondern *dass* ich stahl«, schreibt er, und weiter: in »unerforschlicher Verführung des Geistes« tue man etwas, was man nicht wolle, weil man sich schäme, »nicht schamlos zu sein«. Eine falsche Freiheit, sagt er später, und versteht es als Gnade Gottes, dass dieser ihm die Ketten abgenommen habe, die er sich selbst flocht.

Das ist nicht freudianisch gedacht, und doch kommt Augustinus Freud oft nahe. Gerade in der Sexualität empfindet er das Wollen des Nichtgewollten am stärksten. So sieht er seine Leidenschaft als Fessel, und zwar als eine solche, die er liebte. Die Sünde wird ihm zur Macht der Gewohnheit und nichts ist anrührender als der Hilferuf an Gott mitten im Kampf: »O gib mir Keuschheit und Enthaltsamkeit, aber nur nicht gleich!« Sogar den Schlaf – auch darin an Freud erinnernd – entdeckt Augustinus als Einfallstor von Mächten, die den Willen in eine Richtung drängen, die das ›Selbst‹ nicht will. »Bin ich in solcher Lage etwa nicht mehr ich?«, fragt er, was Freud freilich als arge Naivität empfunden hätte, genauso wie die Verwunderung darüber, dass Augen und Ohren eine Lust bereiten, die angeblich vom Wahren beziehungsweise Geistigen abhält.

Interessante, ja überwältigende Analysen also, auf die die zwei unscheinbaren lateinischen Wörter zurückgehen. Eigenartig, dass der große Erasmus von Rotterdam damit so wenig anzufangen wusste wie sonst nur selten. Auf zehn Zeilen sagt er etwas über Redewendungen, die auf einem Gegensatzpaar beruhen, und zitiert statt Augustinus aus antiken Dramen. »Dich zwingt dein eigener Wille«, heiße es bei Terenz. Das ist ungefähr das uninteressanteste Beispiel, das man in diesem Fall finden konnte.

Erkenne dich selbst

Erkenne dich selbst ist auch heute noch die klassischste aller klassischen ›Weisheiten‹. Viele wissen wohl auch noch, dass sie nach Platon über dem Eingang des Apollontempels in Delphi stand und damit alle empfing, die bei der Pythia Rat suchten. Schon schwieriger zu sagen, was genau damit gemeint war. Cicero wehrt sich dagegen, dass die Aufforderung zur Selbsterkenntnis als Dämpfung des Hochmuts gedacht sei. Er selbst las – optimistisch, wie er war – heraus, wir sollten uns unserer Vorzüge bewusst sein. So recht will dies nicht mit all den anderen – eher pessimistischen – Stellungnahmen harmonieren, die wir kennen. Platon lässt Sokrates sagen, er habe es zu dieser Erkenntnis noch nicht gebracht, was ja wohl auf große Schwierigkeiten hindeutet. Ovid betont ganz ähnlich das Zuerst der Selbsterkenntnis, den Vorrang also vor aller anderen Erkenntnis. Und Thales soll auf die Frage, was schwierig sei, geantwortet haben: sich selbst zu erkennen, leicht dagegen, andere zu tadeln.

Auf jeden Fall spricht das *Erkenne dich selbst* die psychologische (früher sagte man: die anthropologische) Seite der Moral an. Handle richtig – mit Rücksicht auf dich selbst als menschliches Wesen! Aber was wusste man damals von diesem Selbst? Was man sich so ›dachte‹, zum Beispiel dass der Mensch im Prinzip gut sei und Schlechtes aus Unwissen tue (so Aristoteles). Andere widersprachen und hielten den Menschen im Prinzip für schlecht, sodass es geraten sei, gute Verträge zum Schutz auszuhandeln (so Epikur). Was fehlte, war eine Psychologie, die auf Erfahrung beruht. Jeder weiß, dass dies viel später kam: mit den modernen Wissenschaften, die sich ja durch den Bezug auf Erfahrung statt Spekulation regelrecht definieren.

Interessant, dass dieses Unternehmen mit einem Werk beginnt, das in zehn Bänden ausschließlich Berichte über seelische Zustände protokolliert und auswertet – ganz überwiegend ›abnorme‹ Zustände. Herausgegeben wurde es unter anderem von Karl Philip Moritz, dessen autobiographischer Roman *Anton Reiser* schon alle Abgründe der Seele auslotete. Der Titel dieses Werkes aber lautet: *Gnothi sauton*, in griechischen Buchstaben geschrieben, das *Erkenne dich selbst* des Apollotempels, Untertitel: »Magazin zur Erfahrungsseelenkunde« (1783–92). In »ruhiger Beobachtung«, also ohne das, was sich Philosophen ›gedacht‹ hatten, sollte das Selbst analysiert werden. Ein »Blödsinniger« gehört ebenso dazu wie ein »Kindermörder«, ein »Stumm- und Taubgeborener« wie die Geschichte einer Frau, die den Tod vorhersah. Auch über Muttermale und die Frage, ob sie etwas ›bedeuteten‹, wurde gestritten (mit Bemerkungen zur ›Verbindung‹ von Fötus und Mutter).

Die antike Psychologie aber bekommt bei all dem immer wieder ihr Fett weg. Es komme nicht darauf an, heißt es einmal, die menschliche Torheit optimistisch oder pessimistisch einzuschätzen, sondern sie »aus ihren Prinzipien zu erklären«. Und man kann noch weiter gehen. Der Einzelne je für sich ist mit dem Versuch der Selbsterkenntnis restlos überfordert – dafür gibt es nun die Wissenschaft.

Von der Skylla in die Charybdis kommen

Dass Sprichwörter antiken Ursprung haben, sieht man ihnen immer dann an, wenn entsprechende Namen vorkommen. Beim *Erleiden von Tantalusqualen* (nach dem phrygischen König, der im Tartarus bis zum Kinn im Wasser steht, das sich aber sofort zurückzieht, wenn er trinken will) ist dies genauso wie beim *Ausmisten des Augiasstalles* (aus dem Herakles den Mist von dreitausend Rindern aus dreißig Jahren an einem einzigen Tag entfernt) oder auch dem *Phoenix aus der Asche* (von dessen Verjüngung im Feuer Herodot berichtet). Häufig fehlen aber solche Namen und dann staunt man über die Herkunft. *Das Hemd ist mir näher als der Rock* lautete zwar einmal: *die Tunica ist mir näher als das Pallium*, an der Übereinstimmung ist aber nicht zu zweifeln. *Für ein Butterbrot* gehört genauso dazu, ebenfalls *aus einer Mücke einen Elefanten machen*, wobei Lukian die Formulierung sogar ausdrücklich als zu seiner Zeit (2. Jahrhundert n. Chr.) geläufiges Sprichwort zitiert.

Was einem vielleicht auffällt, ist die Tatsache, dass es gerne psychologische ›Wahrheiten‹ sind, die offenbar völlig unbeschadet die Zeiten überdauert haben. Wenn man sich bei Erasmus von Rotterdam umsieht, findet man sie zu Dutzenden, wenn nicht zu Hunderten. Als Beispiele seien genannt: *Nicht gegen den Strom schwimmen*, *Steter Tropfen höhlt den Stein*, *Unkraut verdirbt* (oder *vergeht*) *nicht*, *Wie der Herr, so der Knecht* – bestens bekannte Sprichwörter also. Offenbar hatten die ›Alten‹ ein Gefühl für solche Themen oder es war einfach so, dass die ersten Bilder nicht zu toppen waren und deshalb geblieben sind. Immer ist dabei unterstellt, dass es keine Verständnisprobleme gab. Was soll man an *Wie der Herr, so der Knecht* nicht verstehen? Höchstens lässt sich dasselbe in Reimform bringen: *Wie der Herr, so's Gescherr.*

Da fällt es auf, dass es auch Fälle gibt, wo schon die ›Alten‹ selbst offenbar ihre Schwierigkeiten hatten. *Von der Skylla in die Charybdis kommen* ist ein Beispiel dafür. Die bekannteste Version gibt Homer in der *Odyssee*, wo der arme Odysseus es mit zwei Meerungeheuern in der Straße von Messina zu tun bekommt und vorher von Kirke den Rat erhält, lieber etwas näher an die Skylla heranzurudern, weil er dann nur sechs statt alle seine Gefährten verliere (was auch zutrifft). In dieser Version (bei der Odysseus eigentlich von der Charybdis in die Skylla kommt) hat das Sprichwort den Sinn, von zwei Übeln das kleinere zu wählen. Daneben gibt es auch die Version, dass es sich um gleich große Übel handelt. Am häufigsten aber scheint gemeint, was Erasmus folgendermaßen wiedergibt: »Während du fürchtest, dass deine Bildung nicht genügend zur Geltung kommt, bist du unversehens in den Ruf der Überheblichkeit geraten.« Dabei liegt wirklich zugrunde: *Von der Skylla in die Charybdis kommen.* Nur könnten wir in diesem Fall wenigstens in der deutschen Sprache auf ein anderes Sprichwort umsteigen: *Vom Regen in die Traufe kommen* – womit wir uns ganz nebenbei den argen Zungenbrecher sparen.

Als Gott den Mann schuf, übte sie nur

Also, das gibt es auch: das männerfeindliche Sprichwort. Nur merkt man ihm die letzten zwanzig Jahre förmlich an. Die gut zweitausend Jahre davor bieten ausschließlich Frauenfeindliches. Karlheinz Daniels ist dem nachgegangen und übertrifft mit seinen Ergebnissen wohl die ohnehin düsteren Erwartungen. Die Zahl der Sprichwörter zum Thema Frau sei »fast unüberschaubar«, der Inhalt entweder abwertend oder auf rigide Rollenzuweisung hinauslaufend. Kein angenehmes Thema für einen männlichen Autor! Suchen wir trotzdem nicht das Heil in zerknirschter Selbstanklage, die das Ganze nicht besser macht. Gehen wir stattdessen den Inhalten nach. Was genau an der Frau wird im Sprichwort festgehalten?

Das, was weniger in der Antike als im – in dieser Hinsicht wirklich finsteren – Mittelalter der Frau schon immer angedichtet wurde: Geschwätzigkeit (*Ein Mann ein Wort, eine Frau ein Wörterbuch*), Dummheit (*Langes Haar, kurzer Sinn*), List (*Weiberlist, nichts drüber ist*), Launenhaftigkeit (*Frauen sind Wetterfahnen*). Auch die Umlenkung auf weibliche ›Tugenden‹ ist uralt: Haushalt (*In der Küche zeigt sich das Talent der Frau*), Mutterschaft (*Auf dem Mutterschoß werden die Kinder groß*), Unterordnung unter den Mann (*Weiberregiment, selten ein gutes End'*), Fleiß statt Schönheit (*Ein fleißig Weib im Haus ist besser als ein schlankes drauß'*). Wo Frauen mit Männern verglichen werden, ist das Ergebnis klar: *Weib und Katze gehören in die Hütte, Männer und Hunde auf den Hof*. Die Frage kann nicht lauten, ob all dies wahr oder falsch ist, sondern nur: Wie wirkt so etwas?

Eine Antwort geben Spezialforschungen innerhalb der Psychologie, zum Beispiel die Einstellungsforschung. Sie unterscheidet kognitive Aspekte, die etwas mit unserer Orientierung in der Welt zu tun haben, und emotive, darunter besonders unser Bedürfnis nach Übereinstimmung mit den anderen. Unter beiden Aspekten wirken sämtliche Beispiele schlicht verheerend. Sie vermitteln eine Realität, in der die Frau nicht nur schlecht wegkommt, sondern dieses schlechte Wegkommen als naturgesetzlich hingestellt wird (wie bei Katze und Hund). Diese ›Tatsache‹ aber begründet wiederum die Konformität einer Männerwelt durch Ausgrenzung. Wer Sprichwörter dieser Art gebraucht, beschimpft nicht nur die Frauen, sondern schafft die Voraussetzungen für die eigene Geborgenheit.

Eine weitere Folge liegt in Rollenzuweisungen, die soziales Verhalten steuern. Sämtliche Beispiele lassen sich als Definition dessen verstehen, was Frauen tun sollen und was nicht. Abweichendes Verhalten wird entdeckt und sanktioniert. *Gelehrte Frauen sind unangenehm zu schauen*, hieß es einmal und bedrohte diejenigen, die es trotzdem versuchten, mit Verachtung. *Langes Fädchen, faules Mädchen* stellte schon in der Kindererziehung die Weichen auf eine perfekte Handarbeit.

Wo liegt das Fazit? Sicher in der Aufdeckung von Repression. Aber auch im repressiven Potenzial des Sprichworts selbst. Das Sprichwort kann wie kaum etwas sonst Sachverhalte klar machen. Es kann sie aber auch genauso verdunkeln.

Was Hänschen nicht lernt, lernt Hans nimmermehr

Erziehung im Sprichwort – man hört schon vor dem ersten Satz das »Nein danke!« des modernen Lesers. Tatsächlich muss Lernen einst anders funktioniert, es muss ihm eine andere Psychologie zugrunde gelegen haben als heute. Und so liest sich denn die Geschichte vom Hans, der nicht mehr lernt, was Hänschen versäumt hat, als eine Kurzfassung des Mentalitätswandels in einem wichtigen Lebensbereich.

Den Anfang macht wie so oft die Antike: *Nam quod in iuventute non discitur, in matura aetate nescitur* (Was man in der Jugend nicht lernt, weiß man im Alter nicht). Aber das prägnante Bild ließ lange auf sich warten. Luther erfindet es, als er sich 1546 in einer Tischrede über Studenten auslässt, die ein sechs- oder siebenjähriges Stipendium ergattert haben und glauben, sich erst einmal Zeit lassen zu können. Nein, sagt der Reformator, *Was Hänsel nicht lernet, das lernet Hans auch nicht*, um darauf über den verwandten Satz zu improvisieren, dass man *die Gelegenheit beim Schopf fassen* müsse. Es war wohl die Verwandlung des abstrakten Gedankens in diese anschauliche Version von *Hans und Hänschen*, die mit ihrem schlichten Parallelismus eine unüberbietbare Prägnanz erhielt. Aber es war eigentlich nicht unser Verständnis von einem Hänschen, das wir uns immer viel jünger vorstellen.

Die großen Sammlungen der nächsten Jahrhunderte belegen zunächst einmal den Erfolg: Michael Neander hat das Sprichwort 1590, Friedrich Petri 1604, dann fehlt es so gut wie nirgends mehr. Aber nicht nur die

Sprichwortexperten waren aufmerksam geworden, sondern auch die Didaktiker, die für ein viel jüngeres Hänschen sorgten. 1836 steht das Sprichwort in einem *Bilderbuch für die Jugend*, sogar in Reimform: *Was Hänschen nicht erlernt, / Wird Hans auch nicht lernen. / Und sähe er auch tausendmal, / durchs Fernrohr zu den Sternen.* In der *Traurigen Geschichte vom dummen Hänschen* von Rudolf Löwenstein ziert es den Refrain: *Hänschen, Hänschen, denke dran, / Was aus dir noch werden kann*, was Büchmann 1864 in seine *Geflügelten Worte* aufnimmt. Dann wird der Rückgriff immer professioneller: Hans Herzog übernimmt es 1869 in sein Buch *Das Sprichwort in der Volksschule*, Anton David 1889 in seine *Erziehung nach dem Sprichwort*. Auch im 20. Jahrhundert dient es als Anhaltspunkt, allerdings bald in kritischer Einstellung wie im Sammelband von Manfred Brauneiser *Was Hänschen nicht lernt* mit dem Untertitel »Pädagogische Banalitäten auf dem Prüfstand« (1978).

Man ist sich zu dieser Zeit also der Problematik bewusst, weiß, dass es mit dem Lernen so einfach nicht ist. Diese Erkenntnis aber fließt auch in den Umgang mit dem Sprichwort selbst ein. Fast gleichzeitig mit der wissenschaftlichen Kritik setzt die Parodie ein. *Was Hänschen nicht lernt, lernt Hans umso schneller* stand 1974 in der *Hörzu*. Subtiler die Variante von Gerhard Uhlenbruch 1977: *Was Hänschen nicht lernt, lernt Hans immer mehr.* Witzig René Hildebrand 1983: *Was Hänschen nicht behält, kann Hans später nachschlagen.*

Armer Luther! Aber was wären die Parodisten ohne ihn gewesen?

Mit der Wurst nach der Speckseite werfen

Dass sich im Akt des Schenkens merkwürdige Dinge vollziehen, hat man schon immer gewusst. Nur Kinder nehmen Gaben an, ohne Hintergedanken zu argwöhnen, und sind deshalb vielleicht die einzigen, die sich über Geschenke wirklich freuen können. Wo die Unschuld verloren ist, weiß man um den Haken: Geschenke verpflichten zu Gegengeschenken, Geschenke gibt es nur in Spiralen, angesichts derer man nie weiß, wie das Spiel ausgeht. Uralt deshalb die Angst vor dem Geschenk, wie es schon bei Homer in der *Ilias* vorkommt, wo die Griechen nach zehn Jahren vergeblicher Belagerung Trojas es zuletzt mit dem hölzernen Pferd versuchen. Laokoon warnt vergeblich vor dem Geschenk der (wie er sagt) Danaer – und das Unglück nimmt seinen Lauf in Gestalt von gut bewaffneten Kriegern, die aus dem Bauch des Ungetüms steigen.

Sehr alt auch die bloß kühle Beobachtung. Wer schenkt, will etwas, vielleicht sogar mich selbst, mindestens aber mehr, als er gibt – so immer wieder das Fazit. Johannes Agricola kommentiert 1529 das Bild von der *Wurst, mit der man nach der Speckseite wirft*, ganz in diesem Sinne: Man schenke nie »aus lauter Lieb, ohne ein Schalksaug«, sondern »angelt, jagt und fischt nach den Gaben, dass man mehr sehe und mit Gewinn wieder nehme«. Und anschließend heißt es: Wer jemandem eine Wurst schickt, hofft, dass dieser eine Sau schlachte – nach dem ebenfalls sprichwörtlichen Motto: *Wurst wider Wurst*.

Für Agricola lag die Pointe dabei in der Kritik am Egoismus, das Sprichwort machte für ihn ein Stück

Unmoral sichtbar. Nur ahnte er nicht, dass im 20. Jahrhundert Ethnologen kamen, die diese Art des Austauschs nüchterner betrachteten. In archaischen Gesellschaften gibt es noch keinen geregelten Markt, sondern nur den Gabentausch – bis zur Selbstruinierung im vielzitierten Potlatch polynesischer Ureinwohner, die der große Soziologe Marcel Mauss 1925 seinen Studien über die Gabe zugrunde legte. Die Unmoral läge hier eher bei einem Schenkenden, der jemandem die Vergeltung aufzwingt, der dazu nicht in der Lage ist. Aber auch sonst läuft ein Geschenk ungewollt oder implizit auf die Verletzung des anderen hinaus, und sei es aufgrund der Tatsache, dass der Schenkende Rechte über den Beschenkten gewinnt.

Wer dabei jedoch nur den Gegensatz zum ›zivilisierten‹ Europa sieht, wird in neueren Forschungen (etwa von Maurice Godelier) darüber belehrt, dass erstens auch im archaischen Schenken strategische Überlegungen stecken und zweitens Selbstruinierung auch dem zivilisiertesten Europa nicht fremd ist, wie Fernsehwettbewerbe um den großzügigsten Spender etwa bei Katastrophenhilfen zeigen. Immer nämlich macht der Schenkende beim Schenken einen Gewinn: die Mehrung seines Ansehens. Und immer zahlt der Beschenkte einen Preis: die Pflicht zur Anerkennung dieses Ansehens mit der Folge, sich daran messen zu lassen. Zwar bezieht sich all dies heute nicht mehr auf die Verteilung von Lebensmitteln oder gar den Frauentausch. In vielen und auch höchst bedeutsamen Bereichen agieren wir aber immer noch ›archaisch‹: in der Politik zum Beispiel. Wie anders wollte man Wahlen gewinnen?

Die Welt der Moral

Den Mantel nach dem Winde kehren

Als Tristan nach Irland fährt, um dort als Brautwerber für König Marke um die Hand der schönen Isolde zu bitten, hat er ein Problem: Er ist der Mörder ihres Onkels. Deshalb verkleidet er sich, wird tatsächlich nicht erkannt, bis Isolde sein Schwert untersucht und merkt, dass die abgebrochene Spitze in ihrem Besitz ist – sie steckte einst im Körper des Onkels. Mutter und Tochter beraten, wie man sich an dem Helden, der währenddessen nackt im Bade sitzt, rächen könne. Darauf tritt die Zofe hinzu, hört, dass Tristan einen noch geheimen Auftrag hat, und rät abzuwarten: »Man soll den Mantel wenden, wie die Winde wehen.« Bekanntlich tut man das dann auch, Isolde steigt aufs Schiff, die gleiche Zofe verwechselt den Liebestrank und das Schicksal nimmt seinen Lauf.

Frage: War das unmoralisch, was die Zofe riet? Denn so kennen wir das Sprichwort heute: als Beschreibung oder gar Aufforderung zur Charakterlosigkeit. Nicht nach unverrückbaren Grundsätzen, sondern danach handeln, wie es gerade am günstigsten ist. Im Falle der Zofe scheint diese Interpretation erfüllt. Isolde und ihre Mutter haben den Onkel- bzw. Brudermörder in der Badewanne sitzen. Was macht man da? Fragen, was er eigentlich will? Statt Rache die Neugier befriedigen? Und falls das interessant ist, was er will, auf die Rache verzichten? Um Gottes willen, wie unmoralisch! Für den, der die Geschichte nicht kennt! Hätte man wirklich die größte Liebe der Weltgeschichte verhindern sollen, nur um einen Mord zu rächen, der eigentlich ein Sieg in einem fairen Kampf war?

Sobald man diese Fragen stellt, verlässt man das Reich der Moral und betritt das Reich der Realität. Aber bedeutet dies die Entscheidung für Unmoral? Die Geschichte des Sprichworts scheint es zu bestätigen. Die Belege, die sich schon im Mittelalter häufen, in der Neuzeit ins Kraut schießen, vertreten eigentlich immer die Stimme der Kritik. »Bauchdiener hängen den Mantel, nachdem der Wind weht«, schreibt Luther eindeutig, und selbst im Märchen von *Hans im Glück* kann man am Sinn nicht zweifeln: »Ich schleife die Schere und drehe geschwind / Und hänge mein Mäntelchen nach dem Wind.«

Dabei übersieht man, dass der Ursprung des Sprichworts etwas ganz anderes bezeugt. Und zwar war es Cicero, der in seiner wichtigsten Rhetorikschrift, *Vom Redner*, seinen Protagonisten Antonius darlegen lässt, wie man den Stoff einer guten Rede auf die Erwartungen seiner Hörer abstimmen muss. Man solle sein ganzes Sinnen und Trachten darauf ausrichten, »was sie denken, was sie glauben, was sie erwarten, was sie wünschen und in welche Richtung sie wohl durch die Rede am leichtesten zu lenken sind«. Wenn er sich darin sicher sei, heißt es weiter, »dann ergreife ich die Chance und setze meine Segel in der Richtung, aus der sich eine Brise zeigt«. Unmoralisch? Unsinn, hätte Cicero gesagt. Soll denn die Wahrheit unterliegen?

Wer einmal lügt, dem glaubt man nicht

Beim Lügen hat das Sprichwort klare Grenzen gezogen: *Wer einmal lügt, dem glaubt man nicht* – also keine Ausnahme, keine Gnade. Darin scheint es auf der Linie von Immanuel Kant zu liegen, der an der Verurteilung der Lüge demonstriert, was ein moralisches Gesetz ist. Während die Philosophen seit der Antike mit mehr oder weniger schlechtem Gewissen Stützmaßnahmen für die Bewährung im Alltag diskutierten, heißt es in der *Metaphysik der Sitten* (1797) trocken: Man kann nur lügen wollen, aber nicht wollen, dass jeder lüge. Damit ist Lügen kategorisch verboten. Nicht weil aufgedeckte Lügen schlechte Folgen haben, sondern weil keiner belogen sein will – ein Musterfall des kategorischen Imperativs! Damit verglichen ist das Sprichwort keineswegs hart, eher scheinheilig. Seine Moral enthüllt sich als bloße ›Klugheit‹: nur nicht anecken, viel zu gefährlich! Bei der Warnung vor den kurzen Beinen ist es im Übrigen genauso. Man kommt nicht weit damit, deshalb besser nicht lügen.

Es gibt jedoch noch andere Sprichwörter zum Lügen, weniger spießige. *Lügen, dass sich die Balken biegen*, heißt es, und die Varianten gehen in die Dutzende. Mal krachen oder knacken die Balken, mal sind es zum Beispiel Bäume, die sich biegen. Bei Johann Fischart, dem Autor der selbst sprichwörtlichen *Geschichtklitterung*, wird es noch konkreter: *Lügen so sehr, dass sich der Thurn* [Turm] *zu Cölln möchte auff die andere Seite biegen*, wobei man rätseln kann, ob der Elsässer den Kölner Dom wirklich kannte, dessen Turm damals doch nur halb fertig war. Aber das Prinzip ist klar:

Diesmal ein Lügenverbot mit einem hübsch gelogenen Bild! Balken biegen sich angesichts von Lügen so wenig wie Türme, und krachen tun sie auch aus ganz anderen Gründen. Wie schön ist das Bild dennoch! Man kann es sich fast vorstellen, wie sogar die Natur aufbegehrt gegenüber dem, was ein Mensch dem andern da antut.

Daran gemessen wirkt *das Blaue vom Himmel herunterlügen* etwas gewaltsam, *einem die Hucke* [den Buckel] *voll lügen* etwas blass. Aber es gibt noch einen Volltreffer der Verwandlung des Lügenverbots in ein Bild: *lügen wie gedruckt*. Röhrich belegt das Sprichwort erst mit Chamisso, also im 19. Jahrhundert. Man möchte glauben, dass die schon kurz nach der Erfindung im 15. Jahrhundert gemachte Erfahrung mit der Autorität des Gedruckten und der Gefährlichkeit dieser Autorität im Falle des Lügens das Sprichwort eher ausgebrütet hätte. Früh hat man ja nach Zensur gerufen, früh den Druck als das neue trojanische Pferd empfunden, das in der schönen Gestalt nur Unheil berge. Aber es gibt offenbar keine Belege.

Dafür eine wunderschöne Abwandlung, die Röhrich bei Bismarck in einer Äußerung aus dem Jahre 1869 gefunden hat: »Es wird vielleicht noch dahin kommen, zu sagen: er lügt wie telegraphiert.« Interessant ist, dass ein Medium verdächtigt wird, das diesmal wirklich gerade erst entstanden war. Im Jahre 1848 hatte die preußische Regierung den elektrischen Telegraphen von Berlin nach Frankfurt am Main bauen lassen, übrigens zur Überwachung des ersten deutschen Parlaments. Man wollte auf diese Weise schneller informiert werden – besonders über vermeintliche Lügen.

Schiffbruch erleiden

In dieser schlichten Form ist es eigentlich kein Sprichwort, sondern nur eine Metapher. Röhrich gibt jedoch eine sprichwörtliche Erweiterung an: *Besser den Schiffbruch von der Küste schauen als auf einer Planke.* Nur ist es in diesem Fall wiederum kein Sprichwort, sondern Verdichtung eines Zitats. Zugrunde liegt nämlich das Wort des antiken Philosophen Lukrez aus *De rerum natura* (*Welt aus Atomen*), wo die Rede ist von jemandem, der vom Ufer aus einen Schiffbruch auf der See beobachtet – und dies ›gleichgültig‹ zur Kenntnis nimmt, weil alles Leid in der Welt nur ›zufällig‹ (also nicht etwa als Strafe der Götter) geschieht und man froh sein muss, nicht betroffen zu sein. Dies entspricht der Seelenverfassung des Epikureers, der glaubt, die Welt sei aus Atomen aufgebaut, die eben dauernd zusammenstoßen, weshalb man sein Glück am besten im Rückzug sucht.

Unglaublich, wie dieses Bild vom Schiffbruch mit Zuschauer immer wieder aufgegriffen wurde – Hans Blumenberg hat es als Musterbeispiel dafür genommen, dass sich das (philosophische) Denken immer wieder neu an zentralen ›Bildern‹ (also nicht unbedingt Theorien) ausrichtet. Das Dasein als Seefahrt: Es inspirierte Optimisten (die auf das Wagnis setzen), aber noch viel mehr Pessimisten (die die Unberechenbarkeit der Gewalten, das Ausgeliefertsein des Menschen an sie, hervorheben). In der Antike dominieren die Warnungen. Horaz verglich den Übermut der Seefahrt mit dem Feuerraub des Prometheus, der so hart bestraft wurde. In der frühen Neuzeit gehörte der Skeptiker

Montaigne zu den eher harmlosen Interpreten, wenn er zum Verweilen im sicheren Hafen auffordert. Pascal glaubte an die Möglichkeit solcher Zurückhaltung nicht mehr, sah sich immer schon auf hoher See, ›eingeschifft‹, wie er es ausdrückte.

Der nächste ganz große Skeptiker, Nietzsche, steigerte die Verlorenheit mit immer neuen Bereicherungen des Bildes. Wir hätten das Land (nicht bloß wie üblich: die Brücken) hinter uns abgebrochen, heißt es etwa, seien unvermeidlich Schiffbrüchige, die sich ans »Gebälk« letztlich untauglicher Begriffe zu klammern suchten. Auch das sprichwörtliche Staunen als Anfang aller Philosophie hat Nietzsche mit diesem Bild radikalisiert: Man staune, dass man nicht schwanke.

Weniger theoretisch als praktisch sind Goethes Bemerkungen. Ihm fiel das Lukrezsche Diktum beim Besuch des Schlachtfeldes von Jena ein, im Mai 1807, sieben Monate nach dem Sieg Napoleons über die Preußen. Die Sicherheit des bloßen Beobachters kommt Goethe in der Lukrezschen ›Gleichgültigkeit‹ unmoralisch vor und erinnert ihn an den ebenso inhumanen Ausspruch Friedrichs des Großen, der in der Schlacht von Kolin seinen Soldaten zurief: »Ihr Hunde, wollt ihr denn ewig leben?« Und Goethe war wirklich betroffen. Nach der Schlacht am 14. Oktober erschienen Marodeure der siegreichen Armee in seinem Haus in Weimar und nicht er, sondern seine »gute Kleine« hatte die Situation gemeistert. Wenn der Kommentar lautet, dass er sich »mühsam« aus diesem »Schiffsbruch« gerettet habe, vergaß er doch nicht, wem er diese Rettung zu verdanken hatte. Er heiratete Christiane und ließ sogar die Eheschließung auf den 14. Oktober zurückdatieren.

Wir sitzen alle in einem Boot

Die Seefahrt war der eine große Bildspender, das Schiff der andere. Schon im alten Ägypten taucht das ›Staatsschiff‹ auf, Homer kennt es ebenso wie die griechisch-römische Literatur. Cicero schrieb in den wirren Tagen des Jahres 53 v. Chr., als keine Konsulwahlen zustande kamen, einen Brief an Curio, den damaligen Quaestor in der Provinz Asia, auf den er als Bundesgenossen zur Erhaltung der Republik setzte. Dort heißt es: »Du befindest dich freilich [...] auf demselben Schiffe, magst du sein, wo du willst.« Erasmus hat die Stelle in seine *Adagia* aufgenommen und angegeben, *auf demselben Schiffe* stehe für »in der gleichen Gefahr«. Gemeint ist damit die Gefahr des Schiffbruchs, bei der es keinen Unterschied mache, ob man sich am Bug oder am Heck befinde.

Wahrscheinlich ging ihm bei dieser Formulierung eine Fabel des Äsop durch den Kopf, bei der zwei Feinde ein Schiff besteigen, wobei der eine zum Bug, der andere zum Heck geht. Als ein Seesturm aufkommt, fragt der am Heck Befindliche, welcher Teil des Schiffs zuerst sinke, erhält die Antwort, der Bug, und zeigt sich erfreut: »Dann bedaure ich meinen Tod nicht mehr so sehr, gibt er mir doch Gelegenheit, meinen Feind zuvor ertrinken zu sehen.« Aber Erasmus verweist stattdessen auf eine andere Cicero-Stelle ganz ähnlichen Inhalts, in der dieser zum Ausdruck bringt, es erfülle ihn »mit Staunen und Schmerz, dass jeder Mensch so sehr darauf aus ist, den anderen ins Verderben zu stürzen, dass er sogar das Schiff anbohrt, in dem er selber fährt.«

Seltsame, ja bestürzende Auslegungen der Schiffsmetapher, die vielleicht eine Seltsamkeit ganz anderer Art erklären. Während die Cicero-Stelle über Erasmus ins Englische eindrang und dort zum geläufigen Sprichwort wurde, fehlt im Deutschen (genau wie im Französischen oder Niederländischen) jede Spur. Hier taucht es erst um 1960 auf, um dann eine erstaunliche Karriere zu machen. Zahllose Belege sind bekannt, allerdings gehen sie von Anfang an überwiegend in eine kritische, ja satirische Richtung. Ganz im Gegensatz zu Ciceros Appell, aus dem Bewusstsein der gleichen Gefahr für alle heraus verantwortlich zu handeln, steht nun der Zweifel an Solidarität und Mitmenschlichkeit im Vordergrund. Bölls Wort von »diesen ›Wir sitzen alle in einem Boot‹-Gesten« (*Fürsorgliche Belagerung*, 1979) belegt es ebenso wie das Diogenes-Bändchen des bekannten Karikaturisten Luis Murschetz, zu dem das Sprichwort Titel und Titelbild liefert (*Wir sitzen alle im gleichen Boot!*, 1981). Am verhängnisvollsten aber war die Abwandlung des Sprichworts in ein anderes, geradezu hasserfülltes: *Das Boot ist voll.*

Jahrhundertelang hatte das Cicero-Zitat eine warnende Funktion, verstand sich als politischer Appell. Die Engländer bewahrten es offenbar in dieser Funktion lange. 1960 aber herrschten andere Zeiten. Wer jetzt noch das Sprichwort im traditionellen Sinne benutzte, konnte sich des Hohns sicher sein. Nur darf man nicht glauben, Unsolidarität sei etwas Neues gewesen. Schon in der Antike gab es dieses andere Potenzial, die Anprangerung einer Selbstsucht, die sogar den eigenen Untergang noch auskostete, wenn nur der des anderen voranging.

Kleider machen Leute

Ja, dieses Sprichwort gehört in die Moral – bei uns Deutschen. Jeder versteht es hierzulande als eine Art Kurzform, in der das Wörtchen »leider« fehlt. Kleider machen Leute – wie bedauerlich! Wo doch alles auf das ›Eigentliche‹, auf die inneren Werte ankommt. Und dann taucht jemand auf, der mit Schlips und Kragen, mit Chanelkostüm und Pumps die Welt erobern will. Wie schrecklich! Und wie schön, wenn er damit scheitert!

Sind wir wirklich so? Die Statistik scheint es zu belegen. Nach einer Allensbacher Untersuchung aus dem Jahre 2002 (veröffentlicht in *DIE ZEIT* am 29. Januar 2004) gaben 61,4 % der Männer und 56,8 % der Frauen an, sich praktisch und zweckmäßig kleiden zu wollen. Auf dem Fuße folgten: ungezwungen, leger, sportlich, zeitlos – die Männer jeweils nur wenig mehr als die Frauen (außer bei ›zeitlos‹). Noch bei unauffällig, zurückhaltend lauten die Angaben: 31,6 % Männer, 27,6 % Frauen. Zur Eleganz bekannten sich 17,2 % der Frauen und 10,3 % der Männer. Auffallend, extravagant wollten sich nur noch 1,8 % der Männer und 3,9 % der Frauen kleiden. Jens Jessen, der Kommentator, leitet daraus ab, dass den Deutschen jeder Stolz fehle, dass wir Duckmäuser seien, die Mode als eine Art Naturkatastrophe empfänden, uns auf jeden Fall als ihr Opfer begriffen. Der Rest seien Rollkragenpullover und Birkenstock-Sandalen, vielleicht noch das Hawaiihemd auf der Grillparty.

Nett gesagt und irgendwie auch richtig. Aber wie war das mit dem Grundsätzlichen? Stimmt es, dass Franzosen und Italiener die Mode zur Ästhetik rechnen und wir zur Moral? Es ist zumindest etwas komplizierter. Als Cicero seine Ethik konzipierte, fällte er (gegen die Modemuffel seiner Tage, die Stoiker) eine große Entscheidung: Man solle nicht nur gut *sein*, sagte er, sondern auch *scheinen*, dürfe innere Werte also zeigen. Zum Beispiel durch kultiviertes Auftreten – einschließlich ›anständiger‹ Kleidung. Für Cicero war Ästhetik also ein *Teil* der Moral. Er hätte das Sprichwort zweifellos begrüßt, und zwar ganz ohne das ominöse »leider«.

Wie kam nun das »leider« hinein und wieso besonders bei uns Deutschen? Die Neuzeit begann noch ganz hoffnungsvoll, die ›Ästhetik‹ blühte, die Deutschen machten alles ihren romanischen Nachbarn nach. Aber dann kam die Aufklärung und verkündigte das Ende aller Normen, stattdessen die Natürlichkeit als Leitbild. Man schnitt Zöpfe ab, schmiss Perücken weg. Wieder schlossen sich die Deutschen an, aber diesmal überflügelten sie ihre Nachbarn. Wir wurden (für kurze Zeit) das Land der Dichter und Denker. Während man überall sonst die Natürlichkeit als eine stilvolle Natürlichkeit begriff, sah man hier die inneren Werte bedroht, wenn man mit seinem Äußeren den andern zu gefallen suchte. Schiller griff wenigstens noch zu einem neuen Kragen, Hegel sieht schon aus wie ein Wickelkind – grau in grau, versteht sich.

Wie könnte man der gebeutelten Textilbranche hierzulande helfen? Mit Cicero natürlich! Bei ihm liest man: »Denn als gleichgültig anzusehen, was ein jeder über einen denkt, verrät nicht nur einen selbstherrlichen, sondern auch einen ganz und gar bedenkenlosen Menschen.« *Das* war noch lebensfreundliche Moral!

Glück im Unglück haben

Johanna Schopenhauer, die Mutter des berühmten Philosophen Arthur Schopenhauer, berichtet in ihrer Autobiographie *Jugendleben* (1787) über einen merkwürdigen Spott der Franzosen gegenüber den Deutschen. Hierzulande würde man sich bei jedem Unglück glücklich preisen, dass es nicht noch schlimmer gekommen sei. Dafür gebe es sogar den Ausdruck *le bonheur allemand* (das deutsche Glück). Dabei – so die Autorin – handle es sich doch um eine »sehr schätzenswerte Eigenschaft«, die »tief im Charakter unseres Volkes« verwurzelt sei. Röhrich, der dies zitiert, bietet dazu die sprichwörtliche Redensart vom *Glück der alten Weiber*, die im 16. Jahrhundert mehrfach belegt ist. Bei Hans Sachs etwa preist eine Frau, die sich gerade die Beine gebrochen hat, ihr großes Glück, dass es nicht der Hals gewesen sei.

Alles richtig, und doch kommt nicht recht heraus, worauf diese Zitate wirklich beruhen. Dazu muss man auf ein Werk verweisen, das bis ins 17. Jahrhundert sehr bekannt gewesen ist, häufig gedruckt wurde (1532 mit wundervollen Holzschnitten eines Anonymus) und erst dann mehr und mehr in Vergessenheit geriet, obwohl der Verfasser weiter zu den ganz Großen der europäischen Literatur zählte. Gemeint ist Francesco Petrarcas *De remediis utriusque fortunae* (*Vom Trost in Glück und Unglück*), wörtlich eigentlich: Von den Heilmitteln gegen beide Arten der Fortuna: des ›Glücks‹ und des ›Unglücks‹ (1354–66). Hinter diesem merkwürdigen Titel verbirgt sich eine Form der Lebensanschauung, die mit Pessimismus nicht zutreffend umschrieben ist. Für den Seelenfrieden, also wirkliches Glück im Sinne der antiken Glückseligkeit (*eudaimonia*), sei das Glück und Unglück, das der Tag bringt, gleichermaßen schlimm, ist die Lehre. Im ersten Buch behandelt Petrarca entsprechend in einem Dialog zwischen den allegorischen Figuren der ›Freude‹ und ›Vernunft‹ 122 scheinbare Glücksgüter, die sich alle als wertlos erweisen. Im zweiten Buch behandelt er in Gesprächen diesmal zwischen ›Schmerz‹ und ›Vernunft‹ 132 Unglücke, die in Wirklichkeit keine sind, weil sie den Menschen bessern und zu Gott führen.

Eine harte Kost, die die damaligen Intellektuellen (die Humanisten) trotzdem deshalb schätzten, weil es sich um eine Lebenssicht handelt, die den Menschen wahrhaft frei macht: Der Weise bedarf nicht der äußeren Güte und leidet nicht wirklich unter Misshelligkeiten. Wer hässlich aussieht – gleich das erste Gespräch im zweiten Teil –, wird immerhin in Ruhe gelassen. Wäre Helena nicht so schön gewesen, könnte Troja noch heute stehen. Und so widmet sich Petrarca all dem anderen Unglück, das ein Glück ist: Krankheit (Zahnschmerzen), Armut, Hunger, verlorenem Geld, einer schlimmen Ehefrau (von schlimmen Ehemännern ist nicht die Rede), von nächtlicher Belästigung durch Flöhe. Und das soll eine deutsche Spezialität sein? Arthur dürfte Johanna das Nötige dazu gesagt haben, wenn er es denn zu lesen bekommen hätte.

Jeder ist seines Glückes Schmied

Der Name Machiavelli ruft noch heute Schaudern hervor – wenigstens pflichtgemäßes. In der Gegenreformation des 16. Jahrhunderts kam sein Werk *Il principe* (*Der Fürst*; 1513) auf den Index. Noch der Alte Fritz, in seinen politischen Mitteln nicht zimperlich, schrieb einen *Antimachiavell oder kritischer Versuch über den ›Fürsten‹ des Machiavell* (1740 in einer anonymen Bearbeitung von Voltaire veröffentlicht). Dabei stand und steht Machiavelli für die Absage an Moral als Grundlage der Politik: Tugendhaft handeln wäre schön, wenn die anderen es auch täten. Aber sie tun es nicht, deshalb sind Lug und Trug erlaubt. Anders ausgedrückt: Wer in der Politik sein Glück sucht, kann sich Moral nicht leisten. Verboten und beschimpft ging diese Lehre nicht unter, sondern weitete sich sogar aus: auch auf den privaten Umgang, den Bereich der ›Privatpolitik‹, wie man bald sagte. Im 17. Jahrhundert, auf dem Höhepunkt des Absolutismus, (über)lebte kein Höfling ohne machiavellistische Maximen. In einer Welt des Scheins und des Betrugs gab es nur ein Programm: Selbsterhaltung, Sichbehaupten gegen die allgegenwärtigen Attacken der anderen. Auch wenn das Sprichwort harmlose antike Wurzeln hat: Dass *jeder seines Glückes Schmied* sei, ist in dieser neuzeitlichen Vorstellungswelt begründet.

Schon Machiavelli selbst behandelt das Thema der Erreichung des Glücks. Fortuna sei nur zur Hälfte Herrin über unsere Taten, heißt es, die andere bestimmten wir selbst. Und weiter: Fortuna übe ihre Macht nur da aus, wo keine Gegenwehr bereitstehe.

Jeder Leser wusste, was damit gemeint war. Balthasar Gracian, der große spanische Jesuit, sprach in seiner Aphorismensammlung, dem *Handorakel oder Kunst der Weltklugheit* (1647), von der »Kunst, Glück zu haben«, wozu als größte Hinterlist zählt, die Wahrheit (an die keiner glaubt) zu sagen. Zwei Jahrzehnte später erschien in Deutschland ein Buch von Christian Georg von Bessel, in dem das Sprichwort in den Titel rückte: *Die Schmiede des politischen Glücks* (1669), wobei mit politisch ›privatpolitisch‹ gemeint ist. Ganz im Sinne Machiavellis begründet von Bessel alle Schlechtigkeiten mit der Schlechtigkeit der anderen, sodass es beispielsweise bei der Bestechung kühl heißt: »Leere Hände sind schlechte Diener«. Die Skrupellosigkeit reicht allerdings auch ans Absurde, wenn einem Vielfraß angeraten wird, sein Laster als Zeiterscheinung auszulegen, der er sich mit Mühe anpasse, um nicht als lasterhaft zu erscheinen.

Wie fand man aus diesem Sumpf heraus? Mithilfe der Aufklärung! Nach Jahrhunderten eines äußerst negativen Menschenbildes kommt es zum Umschwung, zur These vom grundsätzlich ›guten‹ Menschen, den nur die Kultur verdorben habe (wie Rousseau es höhnisch formulierte). Das Sprichwort, dass *jeder seines Glückes Schmied* sei, überlebte die Stürme dieser Auseinandersetzung. Wie es wohl nie konsequent machiavellistisch verstanden werden wollte, kümmerte es sich genauso wenig um die neuen Humanitätsapostel, drang stattdessen auf das, was zu allen Zeiten ungefähr gleich galt: Man muss für sein Glück etwas tun.

Der goldene Mittelweg

Kein Sprichwort ist weise, weise ist allenfalls der Gebrauch. Das ist die eine Wahrheit. Gilt auch der Umkehrschluss, dass kein Sprichwort dumm ist? Gelegentlich möchte man es bezweifeln, beim *goldenen Mittelweg* zum Beispiel. Dabei spricht gerade hier die Tradition gegen eine allzu rüde Abkanzelung. Der *locus classicus*, der klassische Beleg also, führt in die Antike: Horaz spricht in einer Ode (II,10) von Vorsicht beim menschlichen Handeln: Hochaufragendes sei gefährdet, bei Sturm empfehle es sich, die Segel einzuziehen – also auch sonst statt der Extreme die goldene Mitte. Wie oft ist ihm dies nachgesprochen worden! Als Knigge in seinem *Umgang mit Menschen* (1788) überlegt, ob man seinem Gegenüber Schmeichelhaftes sagen dürfe, stutzt er angesichts der Aussicht, die Redlichkeit einschränken zu müssen, und sagt dann: »Allein es gibt einen gewissen Mittelweg ...« Der besteht darin, dass jeder eine gute Seite habe, die man loben dürfe.

Also nicht gerade dumm, aber zum Missbrauch, zur Plattitüde geradezu einladend! Die Mitte, im Lateinischen *mediocritas*, tendiert zur Mediokrität, zur Mimikry, zum Spießertum, ja, vielleicht gibt es überhaupt kein spießigeres Sprichwort als dieses: Spießer aller Länder vereinigt euch – auf dem Mittelweg! So jedenfalls kann es mit der stoischen ›Weisheit‹ gehen, die ein Horaz im Sinn hatte, wenn er gegen zu viel Ehrgeiz einwandte, dass die Menschen dafür zu schwach sind. Aus einem pessimistischen Menschenbild wird ein Plädoyer für Drückebergerei. *Alles mit Maßen* oder *das kleinere Übel wählen* sind die würdigen Sekundanten.

Dabei hat alles ganz anders angefangen. Nur für den *goldenen* Mittelweg führt der *locus classicus* zu Horaz, den Mittelweg selbst hat Aristoteles in die Ethik eingeführt, und zwar ganz und gar jenseits von Mediokrität. Aristoteles geht davon aus, dass Menschen nach Glück streben und dieses Glück nicht im Eigennutz gefunden werden kann, sondern in sozialem Handeln, will sagen: durch Tugenden. Was aber sind Tugenden? Die Antwort lautet: etwas zwischen Überfluss und Mangel. Tapferkeit zum Beispiel liegt zwischen Feigheit und Tollkühnheit. Nur kommt das Entscheidende noch: Diese Mitte ist nicht festgelegt, sondern immer nur die Mitte für den jeweils Handelnden. Das plastische Beispiel des Aristoteles aus dem Sport: »Wenn für jemanden zehn Pfund zu verzehren viel sind und zwei Pfund wenig, so wird der Ringmeister nicht sechs vorschreiben.« Es geht nicht um die »Mitte der Sache nach«, sondern um die »Mitte für uns«.

Anders ausgedrückt: tugendhaftes Handeln ist ein vernunftbestimmtes Handeln, nicht ein verzichtbestimmtes. Und Aristoteles selbst ist der Erste, der sich über ein falsches Verständnis lustig macht. Für vieles gebe es gar keine Mitte, bei Affekten wie Schadenfreude ebenso wenig wie bei Handlungen wie Ehebruch. Aber dann kommt doch noch eine Art Tipp, der freilich wiederum ganz anders ausfällt, als es Spießer erwarten. Wozu wir von Natur her mehr neigen, erscheine uns als der Mitte mehr entgegengesetzt, heißt es. Im Klartext: Wenn wir zwischen Zuchtlosigkeit und Lust die Mitte anpeilen, empfiehlt es sich, die Zuchtlosigkeit mehr im Auge zu behalten als die Lust. Da staunt man, dass ein so großer Philosoph auch ein Mensch war.

Freundesgut, gemeinsam Gut

Kein Sprichwort sei so beglückend und berühmt wie dieses, darum setze er es an den Anfang seiner Sammlung. So äußert sich Erasmus von Rotterdam und gießt sofort das Füllhorn seiner Belege aus: Euripides, Sokrates, Platon, Aristoteles, Cicero – die Größten der Großen kannten und schätzten es. Dabei liegt die Pointe nicht so sehr auf der Gütergemeinschaft als auf der Tatsache, dass die Freundschaft einmal die höchste Stufe menschlicher Gemeinsamkeit bezeichnete – vor der Liebe. Plato wollte tatsächlich sogar im Staat Gütergemeinschaft, was Aristoteles mit dem Argument abschwächte, man könne den Menschen durchaus Privateigentum überlassen – unter Freunden sei es ohnehin Gemeinschaftsbesitz. Wo die Philosophen erörtern, worauf Freundschaft beruhe, lautet das Ergebnis: auf gegenseitigem Wohlwollen um des jeweiligen anderen selbst willen. Nutzen und Lust können auch schön sein, für Freundschaft sind sie zu wenig. Und dann der Trompetenstoß sowohl bei Aristoteles wie bei Cicero: Der Freund ist das *alter ego*, ein zweites Selbst. Als man in der Romantik die Liebe neu entdeckte und von allen Schlacken ständischer und sonstiger Rücksichten befreien wollte, erinnerte man sich an diese Vorstellungen und baute nun genau umgekehrt die Liebe auf Freundschaft.

Aber noch einmal zurück zur Freundschaft als Liebe. Die antiken Philosophen waren nicht völlig weltfremd. Es gab unterschiedliche Meinungen über die Voraussetzungen, und Aristoteles diskutiert die beiden Sprichwörter, die auch heute noch gerne gegeneinander gehetzt werden: *Gleich und gleich gesellt sich gern* und *Gegensätze ziehen sich an*. Dabei plädiert er für die erste Variante, denkt allerdings an eine Gleichheit in moralischer Hinsicht. Dass er wie seine Kollegen die bittere Realität kannte, zeigt die ebenfalls sprichwörtliche Erfahrung, man müsse *miteinander einen Scheffel Salz gegessen* haben, um die Eignung herauszufinden. Cicero stellt Überlegungen an, wie man aus einer misslingenden Freundschaft wieder herauskomme, und nennt ausdrücklich diejenigen, die man um ihrer selbst willen lieben könne, eine seltene Gattung.

Worauf aber beruhte diese auffällige, ja irritierend wirkende hohe Wertung? Sollte bei diesen Männerfreundschaften noch etwas anderes als Freundschaft eine Rolle gespielt haben? Das vielleicht auch, die antike Gesellschaft und vor allem die Geschlechterbeziehung ist mit unserer heutigen kaum zu vergleichen. Aber man muss auch berücksichtigen, dass die Freundschaft gewissermaßen die Krone des Menschenbildes darstellte: des Menschen als geselligen Wesens. Aristoteles stellte sich den Aufbau der Gesellschaft als eine Hierarchie von ›Geselligkeiten‹ dar: ganz unten die Freundschaft, die das Modell bildet für die immer weitergehenden geselligen Zusammenschlüsse bis hin zum kompletten Staat. Das hat einen Humanisten wie Erasmus begeistert. Denn mit der Neuzeit beginnt dieser Zusammenhang mehr und mehr zu zerreißen. Die Freundschaft wird (was es in der Antike auch schon gab) zum Fluchtweg aus der Gesellschaft. Bei der Gütergemeinschaft träumt der Humanist vom Ausstieg aus der Welt des Kommerzes. Hätte Erasmus erst unsere kennen gelernt!

Den Balken im eigenen Auge nicht sehen

Streng genommen sind es alles geflügelte Worte, die wir aus der Bibel zitieren. Aber sie sind nun einmal sprichwörtlich geworden. Schon das Alte Testament enthält ein Buch, das sich sogar als Sprichwortsammlung ausgibt: *Das Buch der Sprichwörter*, das unter anderem zwei Sammlungen Salomons enthält, die – wenn es denn zutrifft – an den Anfang des ersten Jahrtausends vor Christus zu datieren wären. Gerade diesen Sprichwörtern sieht man weder das Alter noch die biblische Herkunft an, wie nur einige Beispiele belegen. Das *Lästermaul* oder das *zweischneidige Schwert* stammen ebenso daher wie Grundsätze der folgenden Art: *Unrecht Gut gedeiht nicht* oder (peinlicherweise): *Wer sein Kind lieb hat, der züchtigt es.* Es gibt zwei weitere Weisheitsbücher im Alten Testament aus wesentlich späterer Zeit, die Sprichwörtliches enthalten, besonders *Jesus Sirach* (auch *Ecclesiasticus* genannt), in dem sich zum Beispiel der ganz unbiblisch klingende Rat findet, *nicht gegen den Strom zu schwimmen* (was tatsächlich auch bei Ovid vorkommt).

Aber jeder weiß es natürlich: Nicht die Sprichwörter der Bibel allein sind bis heute sprichwörtlich geblieben, die Bibel insgesamt liefert einen ganzen Schatz für sich. Büchmann eröffnet damit seine *Geflügelten Worte* – auf exakt fünfzig Seiten. Schon das allererste Bibelbuch, das Erste Buch Mose (bekannter vielleicht als *Genesis*), liefert mit seinen allerersten Formulierungen Sprichwörtliches: das *Tohuwabohu* aus Vers 1,2 wie *Es werde Licht* aus 1,3. Auch *im Schweiße seines Angesichts arbeiten* zu müssen, erkennen die meisten noch als Strafe Gottes für Adams Biss in den Apfel. Und nicht nur das Alte Testament, auch das Neue liefert Beispiele über Beispiele, mit denen die Moral bildkräftige Orientierungen gewonnen hat. *Den Balken im eigenen Auge nicht sehen, aber den Splitter im fremden* gehört zu den Lehren Jesu, die Matthäus und Lukas in ihren Evangelien überliefern. *Wer von euch ohne Sünde ist, werfe als erster einen Stein auf sie*, ist die Retourkutsche an die Pharisäer, die Jesus eine Ehebrecherin vorführen und damit seine Gesetzestreue prüfen wollen (überliefert im Evangelium des Johannes).

Besonders interessant sind die Fälle, in denen das Neue Testament Formulierungen des Alten aufnimmt. *Sich Asche aufs Haupt streuen* oder *in Sack und Asche gehen* wird im alttestamentlichen Buch *Esther* als Reaktion der Trauer und des Schmerzes auf eine Morddrohung gegen das jüdische Volk berichtet und in den Evangelien des Matthäus und Lukas als Form der Bußübung geschildert. *Berge versetzen* kommt im Buch *Hiob* als Beispiel für die Macht Gottes vor und wird bei Matthäus als etwas geschildert, was jeder Gläubige mit seinem Glauben vollbringen kann.

Dabei ist mit der Figur des Hiob, der im Alten Testament von Gott so fürchterlich mit Armut und Krankheiten geprüft wird, etwas Bemerkenswertes verbunden. Hiob ist nicht nur als Person sprichwörtlich geworden in der Wendung *arm wie Job*, sondern nach der bildkräftigen Luther-Übersetzung sagt er genau dies auch von sich selbst als erschütternde Anklage gegen den harten Gott: »Er hat mich zum Sprichwort [die Einheitsbibel benutzt das fade ›zum Spott‹] unter den Leuten gemacht.«

Reden ist Silber, Schweigen ist Gold

Aus dem Alten Testament stammt es nicht, jedenfalls nicht so. Der Psalmist besingt die Worte des Herrn als *lauter wie Silber* – es muss ein Witzbold gewesen sein, der daran die zweite Hälfte vom *Schweigen ist Gold* gehängt hat. Andererseits bereitete das Alte Testament durchaus den Sinn des Sprichworts vor. Im Buch *Jesus Sirach* zum Beispiel wird das rechtzeitige Reden und Schweigen behandelt, bei deutlicher Sympathie für das Schweigen. Ambrosius von Mailand, der Lehrer des Augustinus, beginnt seine *Pflichtenlehre* mit der Mahnung, nicht unbedingt stumm, aber behutsam in Worten zu sein. Sittsamkeit bekunde sich mehr im Schweigen als im Reden. Die wichtigste deutschsprachige Ethik des Mittelalters, Thomasins *Wälscher Gast* (1215/16), schärft beim Reden ein, dabei bloß nicht offen zu sein. Außerdem gilt: besser Hören als Reden. Andere Autoren der Zeit sagten noch etwas drastischer, von der Zunge käme alles Übel.

Die Renaissance bringt mit der Wiederbelebung der Antike einigen Optimismus zurück. Aber dann kam die Reformation, mit der Reformation Augustinus, also viel Erbsünde und Glaube an Verdorbenheit. Der spanische Jesuit Balthasar Gracian stellte sich die Welt buchstäblich als Hölle vor, die Gesellschaft als eine Veranstaltung von Täuschung und Gegentäuschung. Sich selbst »in Obhut zu nehmen«, sei der »Thron der Vernunft«, heißt es. Und ausdrücklich denkt er dabei an Worte: »Man rede wie im [Alten] Testament: je weniger Worte, desto weniger Streit.« Ganze hundert Jahre blieb es dabei. »Wir sind nichts als Lüge, Doppelzüngigkeit, Widerspruch, und wir verbergen und verkleiden uns vor uns selbst«, formulierte Pascal und legte damit nahe, was ein Weiser am besten tut: aus der Gesellschaft fliehen. Andere empfahlen, es mit höflicher Zurückhaltung zu versuchen, dabei auf jeden Fall Geheimnisse für sich zu behalten, auch gegenüber Freunden.

So etwas ruft Widerspruch hervor, der heftigste kam von Rousseau. Seine Forderung: Wegwerfen der Zwänge, Befreiung aus der Sklaverei der Konventionen. Stattdessen solle man wagen, der zu sein, der man ist. Und das bedeutet auch: sagen, was man denkt, Offenheit statt Höflichkeit. Nur merkt man, wenn man genauer liest, dass Rousseau sich dabei eine günstige Umgebung vorstellt, zum Beispiel ein Frühstück unter Freunden auf ›englische‹ Art. Nach Tagen »nichtiger Gespräche« mit »gleichgültigen Leuten« sitzen die ehemals Liebenden als gute Freunde zusammen – und schweigen. Im Rückblick ist die Situation genauer analysiert: »Lebhafte und himmlische Empfindung, welche Gespräche sind deiner würdig? Welche Sprache wagt es, dein Dolmetscher zu sein? Kann jemals das, was man einem Freunde sagt, soviel wert sein als das, was man an seiner Seite empfindet? Mein Gott! Was für Dinge sagen ein Händedruck, ein beseelter Blick, eine Umarmung, der Seufzer, der darauf folgt; und wie kalt ist dagegen das erste Wort, das man ausspricht!«

Offenheit, bei der keiner etwas sagt? Da hatte man sich den Einspruch der Aufgeklärten gegen die finstere Vergangenheit eigentlich anders vorgestellt.

Sich mit fremden Federn schmücken

Die Nähe des Sprichworts zur Fabel liegt auf der Hand: In beiden Fällen geht es (manchmal) um eine ›Lehre‹. Die Fabel ist lediglich ausführlicher, das Sprichwort eine Art Kondensat der Fabel. »Eine stolze Krähe schmückte sich mit den ausgefallenen Federn der farbigen Pfauen und mischte sich kühn, als sie genug geschmückt zu sein glaubte, unter diese glänzenden Vögel der Juno. Sie wurde erkannt, und schnell fielen die Pfaue mit scharfen Schnäbeln auf sie, ihr den betrügerischen Putz auszureißen. Lasst nach!, schrie sie endlich, ihr habt nun alle das Eurige wieder. Doch die Pfaue, welche einige von den eigenen glänzenden Schwingfedern der Krähe bemerkt hatten, versetzten: Schweig, armselige Närrin; auch diese können nicht dein sein – und hackten weiter.« So hat Lessing die Fabel wiedergegeben, die Äsop auf Griechisch, Phaedrus auf Latein bieten. Die Moral der Geschichte ist so klar, dass Lessing sie nicht eigens formuliert: *Man soll sich nicht mit fremden Federn schmücken*.

So weit bedarf es kaum eines Kommentars. Aber Lessing ist der Wirkung der Fabel trotzdem noch weiter nachgegangen, hat sich in ganzen Abhandlungen Gedanken gemacht, was uns an Fabeln so anzieht. Seine Antwort: Fabeln belehren nicht wie die philosophische Moral durch allgemeine Überlegungen, sondern sie belehren durch den besonderen Fall. Die Moral sagt: Gib nichts für dein aus, was nicht dein ist. So etwas ist genauso Diebstahl wie die Entwendung von materiellem Eigentum. Also gilt das siebte der Zehn Gebote oder der entsprechende Paragraph des Strafrechts. Das kann man nachvollziehen und einsehen. Aber – so Lessing – es gibt noch etwas anderes, was beinahe das Gleiche leistet. Statt sich im Bereich des Allgemeinen zu bewegen, der Schritt in die Realität, statt Schlussfolgerungen Sehen. Ich spreche nicht über Aneignung fremden Eigentums, sondern über eine Krähe, die sich mit Pfauenfedern schmückt. Jetzt verstehe ich nicht deshalb, weil ich etwas ›einsehe‹, sondern ich verstehe, weil ich es ›sehe‹.

Lessing nannte dies »anschauende Erkenntnis«. Dabei interessierte er sich weniger für die Fabel als solche, sondern er machte sich an der Fabel etwas klar, was für die Dichtkunst insgesamt gilt. Man hatte die Dichtkunst bislang als eine Art Dienerin der Moral betrachtet. Jene ›schmückt aus‹, was diese ›lehrt‹. Menschen sind schwach, ein Kranker nimmt die bittere Pille lieber mit etwas Zucker versehen. Demgegenüber trumpft Lessing auf: Nein, die Dichtung hinkt nicht hinterher, sie kann etwas, was die Moral *nicht* kann. Sie *zeigt* Wahrheit. Und plötzlich kehrt sich das Verhältnis um: »Die anschauende Erkenntnis ist für sich selbst klar. Die symbolische [gemeint: philosophische] entlehnt ihre Klarheit von der anschauenden.«

Wirft das auch etwas für das Sprichwort ab? Lessing erwähnt es nicht, aber man kann es gar nicht übersehen. Wenigstens die ›moralischen‹ Sprichwörter machen es genauso wie die Fabel: Sie argumentieren nicht, sondern führen vor. Was also sind Sprichwörter? Eben, Minidichtungen!

Die Wände haben Ohren

Von Sprichwörtern erwarten wir gerne ›Philosophie‹, besonders wenn es um moralische Themen geht. Aber man kann auch *über* Sprichwörter philosophieren. Das Musterbeispiel dafür bietet ein großes Musikwerk: die *Anderen Gesänge* von Mauricio Kagel, uraufgeführt am 29. April 2004 in Köln, der Wahlheimat des argentinischen Komponisten.

Dem fünfsätzigen Stück für Sopran und (großes) Orchester liegen Sprichwörter zugrunde, und zwar zu den Themen Lachen, Zeit, Tod. Diese Sprichwörter entstammen verschiedenen Sprachen: Latein, Italienisch, Französisch, Spanisch, Deutsch und Englisch. Der Reiz für Kagel lag darin, die Unterschiede zu beleuchten, die in den leichten Abwandlungen liegen: Unterschiede, die den Grundgedanken auf den ersten Blick als jeweils ›anders‹ erscheinen lassen, um sich zuletzt als Kreisen um ›denselben‹ Kern zu enthüllen. Die Musik ist dabei das ideale Verbindungsmedium: Mit ihren Mitteln lassen sich die sprachlichen Unterschiede leicht auf den gemeinsamen Punkt bringen.

Im ersten Satz zum Lachen trägt die Sopranistin das Sprichwort vor: *Wer Freitag (lacht), wird vielleicht schon Sonntag weinen* – wobei das Wort »lacht« durch bloßes Lachen ersetzt wird. Bei den Abwandlungen wie dem französischen *qui rit le matin pleure le soir* geht das Lachen in Schluchzen über, bis zum Schluss – wiederum unter Lachen – ein neues Sprichwort auftaucht: *Am vielen Lachen erkennt man den Narren.* Im vierten Satz läuft (mit einer kurzen Unterbrechung) ständig ein Metronom mit, um das Drängen der Zeit zu verdeutlichen, passend zu *Time fleeth away* (Zeit fließt vorbei), *Le temps tout dévore* (Die Zeit verschlingt alles), *Il tempo consuma ogni cosa* (Die Zeit verschlingt alles), *Alles zernagt die Zeit* usf.

Besonders gelungen aber erscheint der dritte Satz zum Thema: *Wände haben Ohren*. Forscher verweisen darauf, dass dieses Sprichwort aus der Zeit der Bartholomäusnacht stammt, als Katharina von Medici im Louvre Horchkanäle in die Wände habe legen lassen und damit erfolgreich Anschläge verhinderte. Kagel gewinnt dem Thema jedoch ganz andere ›Töne‹ ab. Zu im vierfachen Piano »misterioso« spielenden Streichern singt die Sopranistin in »monotonem Singsang mit Grabesstimme« die europäischen Varianten, unter denen die spanische die größte Abwandlung zeigt, weil in ihr die Wände Augen haben (*Las paredes tienen ojos*). Aber das Thema ist ohnehin nicht der ›Lauschangriff‹ à la Katharina von Medici, sondern die Tatsache, dass menschliches Handeln immer unter ›Beobachtung‹ steht: unter moralischer nämlich. In diese Richtung entwickeln sich entsprechend die Varianten: *Nullum putaveris esse locum sine teste* (kein Ort ist ohne Zeuge) und ganz eindeutig zum Schluss: *Dieu voit tout* (Gott sieht alles).

Andere Gesänge also, Gesänge, denen ›andere‹ Sprichwörter zugrunde liegen – und eine großartige Musik als Zeugnis der ›Einheit‹.

Alles hat seinen Preis

Wir kennen viel Lob der Philosophen für das Sprichwort – davon wird noch die Rede sein. Nicht verschwiegen aber sei auch der Tadel. Schon in der Aufklärung gibt es Warnungen, wenn Lord Chesterfield etwa seinem Sohn mit auf den Weg gibt, sich bloß nicht an solche Trivialitäten zu halten. In der jüngeren Vergangenheit ist davon ebenfalls die Rede. Zwei Stimmen seien hervorgehoben, die uns viel Anstrengung beim Nachvollzug abverlangen. »Sententiöse Willkür« lautet der eine Vorwurf, der andere formiert sich unter dem Motto der »allzu einfachen Formeln«. Und doch gibt es in beiden Fällen eine Überraschung.

Als sich Theodor W. Adorno 1944/45 im amerikanischen Exil Gedanken über die Möglichkeiten eines ›richtigen Lebens‹ machte, wählte er dafür die Form von kleinen und kleinsten Essays: die *Minima moralia* (Frankfurt a. M. 1951). Nicht in systematischer, sondern nur in aphoristischer Form schien ihm eine Annäherung ans Thema angesichts des totalen Zusammenbruchs der Zivilisation möglich. Dabei fiel das Wort von der »sententiösen Willkür« als der einen falschen Alternative einer Antwort neben der anderen der »intellektuellen Nichtachtung« des Themas. Dem ›richtigen Leben‹ sollte mit anderen Worten nachgegangen werden einerseits jenseits dessen, was sich in der Tradition als wirkungslos enthüllt hatte, andererseits jenseits einer hochmütigen Philosophie, die glaubte, für die ›Realität‹ nicht zuständig zu sein.

Das Interessante liegt darin, dass Adorno diese Überlegungen immer wieder unter Motti stellt, die

Sprichwörtern entlehnt sind. Wenn er den Vorwurf zurückweist, dass Kultur Ordnung nur vortäusche und demnach Lüge sei, wenn er diese Form der Kritik mit dem geheimen Einverständnis zwischen Polizei und Unterwelt vergleicht, laufen die Gedanken auf das hinaus, was die Überschrift benennt: *Kind mit dem Bade*. Und so geschieht es öfter. Unter *Fisch im Wasser* werden diejenigen kritisiert, die sich im allgemeinen Kommerz ›wohlfühlen‹ und nicht merken, wie der Bereich des ›Privaten‹ von ›Geschäftigkeit‹ untergraben bzw. entstellt wird.

Eigenartig diese Abweisung der Sentenz und Orientierung an ihr. In anderer Spielart finden wir das gleiche Phänomen in Aphorismen, die Hans Blumenberg einer ähnlichen Thematik abgewinnt, in *Die Sorge geht über den Fluss*. Nicht nur, dass er auf diese Weise seinem Lieblingsthema des Schiffbruchs nachgeht (und dabei auf das *Not kennt kein Gebot* zu sprechen kommt). In einem Aphorismus wird eine der sonst geschmähten »allzu einfachen Formeln« geradezu aus dem Untergang gerettet: *Alles hat seinen Preis*. In jedem Kult stecke die Idee einer Weltordnung, die darauf beruhe, ›geben‹ zu müssen, wenn man etwas ›nehmen‹ wolle, heißt es. Und schließlich: »Es ist ein Satz, von dem vermutet werden darf, dass wir ohne wenigstens heimliche, verstohlene, verleugnete Zustimmung zu ihm nicht leben könnten. Wir genieren uns, zu ihm zu stehen, weil wir den antagonistischen Wunsch haben, das Leben möchte so sein, dass es ohne diesen ›Hintergedanken‹ ertragen werden könnte: ein aus sich selbst sich legitimierendes Leben, das keiner Weltordnung bedarf.«

Wer nicht arbeitet, soll auch nicht essen

Man ahnt bei diesem Sprichwort förmlich den Schindluder, der mit ihm getrieben wurde. Dabei hat die Geschichte alles andere nahe gelegt.

Am Beginn steht die Äußerung von Paulus in seinem zweiten Brief an die Thessalonicher. In der Gemeinde waren ›Lehrer‹ aufgetreten, die behaupteten, der Tag der Wiederkehr Christi sei schon gekommen. Das spektakuläre Fazit lautete: Keiner solle mehr arbeiten. Paulus weist nun darauf hin, dass er selbst niemals »umsonst« bei seinen Gastgebern gegessen habe, ihnen nie »zur Last gefallen« sei, obwohl er einen »Anspruch auf Unterhalt« gehabt habe. Und dann der Satz: *Wer nicht arbeiten will, soll auch nicht essen.* Es folgt der Rat, fortan »in Ruhe« der Arbeit nachzugehen, um sein »selbstverdientes Brot« essen zu können. Die Schwärmer aber solle man brüderlich zurechtweisen. Eine spezielle Äußerung in spezieller Situation also, in der Paulus kaum voraussah, was folgte. Was soll als Arbeit gelten – auch Sklavenarbeit zum Beispiel?

Machen wir einen Riesensprung ins (beginnende) Barockzeitalter. Ein Sammler mit Namen Friedrich Petri listet in alphabetischer Folge Sprichwörter auf, ohne Kommentar. Zahlreiche Loblieder auf die Arbeit sind darunter, *Arbeit vermag alles* zum Beispiel, auch: *Wer nicht arbeitet, der soll auch nicht essen.* Das war 1604/05, die Sammlung trug den Namen *Der Teutschen Weißheit.* Darauf machte der brave Schulmann und dann lutherische Prediger in Braunschweig Karriere, wurde Coadjutor des Superintendenten und wetterte zuerst von der Kanzel, 1616 auch in Schriftform gegen

Stiftsherren, die ihre Pfründe verkauften und auch sonst einen bedenklichen Lebenswandel führten. Darin aber heißt es (stark zusammengefasst): Gott kann Faulenzer nicht leiden, sie sind ärger als Diebe, faule Schläuche, die alles nur gestohlen haben. Wer sich um seine Pfründe nicht kümmert, nur ab und zu in der Kirche singt, liest und betet, arbeitet nicht – der Rest nach Paulus. Die Beschwerde war geharnischt, Petri überstand die Auseinandersetzung mit knapper Not.

Zuletzt ein kürzerer Sprung, knapp 300 Jahre. Paul Lafargue, der Schwiegersohn von Karl Marx, polemisiert gegen das scheinbar progressive »Recht auf Arbeit« von Charles Fourier als Instrument schierer Unterdrückung. Schon Napoleon habe die Losung ausgegeben, je mehr die Völker arbeiteten, umso weniger Laster gebe es. Darauf seien die Revolutionäre von 1830 wie 1848 hereingefallen und hätten sogar selbst die Losung ausgegeben: *Wer nicht arbeitet, soll auch nicht essen.* Die Folge sei Überkonsum gewesen, der nur der Bourgeoisie zugute kam. Das Fazit ist eine Verurteilung übermäßiger Arbeit als Herabwürdigung der Freiheit, worin die Philosophen des Altertums mit der Bergpredigt zusammenstimmten.

Noch ging es um die Aufdeckung einer Lüge, dann kam der blanke Zynismus – in seiner schlimmsten Form als das »Arbeit macht frei« auf dem Eingangstor des KZs in Auschwitz. Aber es gab auch die minder katastrophalen und doch schrecklichen Zynismen, zum Beispiel Gottfried Benns Wort: »Dumm sein und Arbeit haben, das ist das Glück.« Klar, worauf dies hinausläuft: Wer intelligent ist, leidet an der Welt – während er isst, *ohne* zu arbeiten.

Erst kommt das Fressen, dann kommt die Moral

Kaum ein zweiter Autor des 20. Jahrhunderts bietet in seinem Werk mehr Sprichwörter als Bertolt Brecht. Erstaunlich jedoch, wie man deren Funktion in der älteren Forschung verkannt hat. Vertrauen auf den Volksmund habe ihn angeleitet, liest man, auch, dass die im Sprichwort festgehaltenen Gesetzmäßigkeiten das einzig Feststehende im Fluss der Zeiten seien. Barbara Allen Woods hat die Dinge zurechtgerückt – hier das Wichtigste.

Verwirrend ist vielleicht, dass Brecht tatsächlich oft Sprichwörter so verwendet, wie man es erwartet. Sie fassen auf prägnante Weise Aktionen zusammen, manchmal im Titel der Werke, etwa: *Vier Männer und ein Pokerspiel oder Zuviel Glück ist kein Glück*. Kapitel 11 im *Dreigroschenroman*, wenige Jahre nach der *Dreigroschenoper* entstanden, lautet: *Der Gedanke ist frei* und handelt von Macheaths dunklen Plänen, während er im Gefängnis sitzt. In anderen Fällen lassen sich Szenen als handlungsmäßige Ausgestaltungen von Sprichwörtern erkennen. In *Mann ist Mann* geht es um *Pech haben* oder *Haare lassen*, im *Leben des Galilei* wirkt die Einkleidung des Papstes als eine Umsetzung von *Kleider machen Leute*. Wenn sich der Bischof von Beauvais in *Der Prozeß der Jeanne d'Arc* vor seinem Urteil wie Pontius Pilatus die Hände wäscht, hört jeder das entsprechende Sprichwort mit.

All dies aber ist mit einer Art inneren Ironie verbunden. Das Sprichwort wird als ›Bild‹ aufgerufen für eine Handlung, die den Lauf der Welt zeigt – in Brechtscher Manier, also den ›schlechten‹ Lauf. Dies zeigt sich nur viel deutlicher da, wo das Sprichwort abgewandelt, parodiert, satirisch verwendet wird. Gelegentlich gibt Brecht selbst Hinweise wie im *Dreigroschenroman*: »Von einem, der treu ist, heißt es: mit dem kann man Pferde stehlen. Das ist es. Der Soldat muss mit seinen Kameraden Pferde stehlen können. Wo keine Pferde gestohlen werden, da ist keine Treue.« »Späne fliegen, wo gehobelt wird« nennt Brecht »den spießigsten und brutalsten Satz«. Andernorts wird das Gegenteil des Sprichworts ausgedrückt: *Hunger ist ein schlechter Koch, Im Schweiße deines Angesichts sollst du kein Brot essen, Wer a sagt, der muss nicht b sagen.*

Auf subtilste Weise funktioniert das parodistische Spiel, die Entlarvung des Sprichworts als leere Phrase: *Der Mensch denkt: Gott lenkt* ist das Musterbeispiel, dem zum Überfluss noch der Satz folgt: »Keine Rede davon.« Auch die zynisch wirkenden Beispiele gehören dazu, wenn etwa Mutter Courage sagt: »Und jetzt fahren wir weiter, es ist nicht alle Tage Krieg. Ich muss mich tummeln.« Wenn alte Sprichwörter scheinbar unverändert zitiert werden, macht der Kontext die Parodie deutlich, wie etwa im Falle von *Jeder ist seines Glückes Schmied* oder *Wo ein Wille ist, ist ein Weg* im desillusionierenden *Lied von der Kapitulation.*

Da verwundert es nicht, dass Brecht auch eigene, neue Sprichwörter erfinden konnte. Keines ist bekannter als *Erst kommt das Fressen, dann kommt die Moral.*

Die Welt des Rechts

Brief und Siegel geben

In Zeiten vorwiegend mündlicher Kultur spielte das Gedächtnis eine ungleich größere Rolle als heute, wo wir alles in Büchern und neuerdings auf Festplatten speichern. Es bedurfte also der Hilfe und die lag in der Formelhaftigkeit der Formulierung als Gedächtnisstütze. Das Gebiet des Rechts, dessen Kenntnis lebenswichtig war, zeugt davon auf vielfältige Weise.

Eine davon ist die Paar- oder Zwillingsformel. Gewiss gibt es die Fälle auch sonst zuhauf. Wir bewältigen etwas *mit Ach und Krach*, ziehen um oder aus *mit Sack und Pack* und geraten zuweilen vielleicht sogar *außer Rand und Band*. Aber das Recht macht davon eben auch Gebrauch, beziehungsweise manche Paarformeln erweisen sich bei näherem Hinsehen als rechtlichen Ursprungs. *Kurz und bündig* zum Beispiel bedeutete: kurz und verbindlich, hob also bei ›bündig‹ das rechtlich Verpflichtende einer Abmachung hervor. Wer *Brief und Siegel gibt*, steht mit seiner ganzen Person dafür ein, wie es der *Sachsenspiegel* so eindringlich im Bild verdeutlicht (das unserem Kapitel vorangestellt ist). *Mit Haut und Haar* bezeichnete die Strafe des Prügelns und Haarescherens. Sie war eine verhältnismäßig milde Strafe, galt als Höchststrafe für Schwangere und Jugendliche unter vierzehn Jahren, auch für geringfügigen Diebstahl oder solchen bei helllichtem Tage. Die Strafe wurde gewöhnlich am Pranger ausgeführt und stellte eine Verschärfung der bloßen Ausstellung des Delinquenten zum Gespött der Vorübergehenden dar.

Was bei *Haut und Haar* auffällt, ist eine Steigerung der Paarformel, die in der Alliteration liegt, im Gleichklang der Anfangslaute der Paarbegriffe (dazu später mehr). Auch Reim kommt vor: bei *einmal ist keinmal* zum Beispiel, was nicht etwa heißt, dass *ein* Mord *kein* Mord ist. Gemeint ist vielmehr, dass mit einer einzelnen Handlung keine Gewohnheit (kein Gewohnheitsrecht) begründet wird. Ein solches Interpretationsproblem entsteht nicht bei *Der Hehler ist nicht besser als der Stehler*.

Es gibt noch weitere Gestaltungsmöglichkeiten, die aus rechtlichen Bemerkungen ›Regeln‹ machen, die offenbar auf leichte Erinnerbarkeit angelegt waren. Schmidt-Wiegand macht auf imperative Ausdrucksweise und Generalisierung aufmerksam (*Man soll dem Erben vergelten, was man dem Toten schuldig war*) und weist darauf hin, dass in den Handschriften gerade neben solchen Formulierungen einmal ein »Merke dat!« stehen kann. Aber es geht nicht darum, dass solche Formeln nur gut ›klingen‹, sie ziehen geradezu ihre Reputation daraus, dass in ihrer Knappheit Eindeutigkeit und Vollständigkeit liegen. Eine ganze ›Welt‹ rechtlicher Beurteilung also in einer winzigen Formel! Selten wird deshalb eine Paarformel gesprengt, nur um noch etwas genauer zu sein. Aber auch dies kommt vor. Wir sagen zwar immer noch am liebsten: *Mitgegangen, mitgefangen* oder auch *mitgefangen, mitgehangen*. Es gibt aber auch *Mitgegangen, mitgefangen, mitgehangen*. Wie öde!

Das dicke Ende kommt nach

Die Strafen in früheren Zeiten wurden am Körper vollzogen: Der Missetäter sollte *spüren*, dass er die Normen der Gemeinschaft durchbrochen hatte. Und die Gemeinschaft sollte *sehen*, dass es Gerechtigkeit gibt. Viele Strafen waren ›sprechende‹ Strafen, zeigten an, welches Verbrechen gesühnt wurde. Andere lassen sich als ›Schandstrafen‹ verstehen, geben den Übeltäter der Verspottung preis. Und dann gab es noch die Folter, um an Geständnisse zu kommen, weil man niemanden verurteilte, der seine Tat nicht zugegeben hatte. Im Sprichwort sind die Spuren all dessen erhalten. Sie sind in einigen Fällen so deutlich, dass man auch heute noch versteht, worum es einmal ging. In anderen weiß man – mitunter zum Glück – nicht mehr, was man sagt oder hört.

Jemanden brandmarken dürfte in die erste Gruppe gehören. In der Tierzucht ist es ja noch vorhanden, und man kann sich die Übertragung auf den Menschen vorstellen, auch wenn nur noch Historiker wissen, dass man dem Täter ein Zeichen seiner Tat auf die Stirn brannte: dem Falschmünzer etwa eine Münze, dem Dieb den Galgen, an dem er gehängt werden sollte und so fort. Vieles andere versteht sich ebenfalls von selbst. Das (nur) sprachlich harmlose *auf die Folter spannen* (oder *jemanden aufziehen*, was dasselbe bedeutet), *Daumenschrauben anlegen* (oder *jemanden schrauben*), *jemanden an den Pranger stellen.* Die meisten wissen Bescheid, was einmal gemeint war, wenn von der *Feuerprobe* die Rede ist oder sich jemand *wie gerädert* fühlt. Auch wenn beim letzten Fall die wenigsten ahnen, wie grausam gerade diese Strafe war, bei der mit einem schweren Wagenrad die Gliedmaßen zerstoßen wurden, bis sich der Körper buchstäblich auf die Speichen flechten ließ.

Wie aber steht es mit dem Sprichwort, dass jemand *einem etwas anhängen* will oder angehängt hat? Tatsächlich hängte man Lästerern oder Zanksüchtigen einen Stein um den Hals und schickte sie damit durch die Straßen, um sie den Schmähreden der Mitbürger auszusetzen. Bei Trunksüchtigen war es eine Flasche, sodass Schandstrafe und Sichtbarmachen der Tat zusammenfielen. Beim *Schandfleck* handelte es sich um ein Stück Stoff, so wie Juden und Huren etwas Gelbes am Leib tragen mussten. Und *Ab durch die Mitte*? Kommt man sofort darauf, dass dies zum Spießrutenlaufen gehörte, wenn der Delinquent in die Gasse geschickt wurde, wo ihm von beiden Seiten Stiche drohten, die nicht selten mit dem Tod endeten?

Auf jeden Fall dürfte ein Sprichwort kaum noch durchschaut werden, obwohl es fast jeder kennt und durchaus korrekt benutzt: *Das dicke Ende kommt nach*, das Schlimmste steht noch bevor. In diesem Falle geht es um das Auspeitschen mit einem Lederriemen, der am einen Ende dünn, am andern dick ist. Auch wenn wohl niemand mehr die Erfahrung gemacht hat: Man kann es sich vorstellen, was es bedeutete, wenn der Strafende mit dem dünnen Ende begann und dann aufs dicke wechselte.

Unter einer Decke stecken

Ist das Bett beschritten, so ist das Recht erstritten: So überliefern es zahlreiche alte Sprichwörtersammlungen. Einfacher und praktischer hieß es auch: *Wenn die Decke über dem Kopf ist, so sind die Eheleute gleich reich*. Wir kennen es heute noch eine Stufe schlichter, als die Redewendung *unter einer Decke stecken*, bei der die ursprüngliche Ehegemeinschaft ausgedehnt wird auf alle Arten von Kumpaneien, meist leicht verdächtige. Daran ist freilich etwas schuld, was mit den Tatsachen wenig zu tun hat. Man hat sich die sogenannte öffentliche Beschreitung des Ehebetts, für die sogar der Ausdruck »Bettsprung« existiert, schlicht etwas zu konkret vorgestellt. Ja, das Paar wurde ins Schlafgemach begleitet. Kaiser Friedrich III. zog sogar vor versammelter Hochzeitsgesellschaft die Decke über sich und seine verblüffte Leonore. Nur waren beide dabei züchtigst bekleidet.

Was hat man daraus nicht alles gefolgert! Weil man sich das Mittelalter roh und verlottert, mindestens kindlich und unzivilisiert vorstellte, machte die Phantasie beim Bettsprung förmlich Bocksprünge. Und dies genährt von weiteren Details, die ins Bild passten. Wer schon einmal im burgundischen Beaune war und das großartige Hospital besucht hat, kennt die Bilder von Kranken, die zu zweit im Bett lagen. Noch Ludwig XIV. praktizierte das *lever*, das morgendliche Aufstehen aus dem Bett, bei dem Höflinge nicht nur zuschauten, sondern ihm zum Beispiel das Hemd reichten (und damit die Rang- oder Hackordnung bestätigten). Aus all dem wuchs die Vorstellung von den ›unbefangenen‹ alten Zeiten, von Zuständen ohne Scham, zerstört von vorrückenden Peinlichkeitsschwellen in der Neuzeit, die uns aus diesem Paradies vertrieben hätten.

Der Ethnologe Hans Peter Duerr hat mit zahllosen Belegen den Beweis erbracht, dass an diesem Bild so gut wie nichts wahr ist (mit Seitenhieben auf heutige FKK-Strände und sonstige Freizügigkeiten unserer Zeit allerdings auch manchen Leser gehörig verschreckt). Dass Nacktheit im Mittelalter eher in höherem Maße schambesetzt war als heute, zeigt sich an deftigsten Strafen für entsprechende Vergehen. Wo mehr als eine Person etwa in einer Herberge im Bett lagen, handelte es sich um Personen gleichen Geschlechts, die erstens gut bekleidet waren und zweitens sehr darauf achteten, den anderen nicht zu berühren (und noch mehr darauf, nicht berührt zu werden). Selbst Eheleute lagen zwar in einem Bett, aber keineswegs nackt, wie man sich anhand der Literatur der Zeit überzeugen kann. Und wenn von »nackt« die Rede ist, stellt sich immer irgendwann heraus, dass dies nicht ganz nackt bedeutet – selbst ein Splitternackter hat noch eine Unterhose an.

Und die Hochzeitsgesellschaft im Schlafzimmer? Das Mittelalter war nicht unzüchtig, es dachte lediglich in Kategorien von Repräsentation, von Öffentlichmachen rechtlicher Handlungen. Es gab eben kein Standesamt und damit keinen schriftlichen Vertrag. Es gab nur eine kleine Vorführung unter Zeugen, an die man sich hinterher erinnern konnte. Der Rest ist Voyeurismus – moderner natürlich!

Die Biene ist ein wilder Wurm

Es gehört zum mittelalterlichen Denken, dass das Recht nicht ›gesetzt‹ wird, sondern ›gefunden‹. Darauf beruht die Autorität von alten Aussagen, die unter anderem in sogenannten Weistümern erhalten sind. Jacob Grimm hat sie als einen Schatz, in dem die Rechtsvorstellungen des ›Volkes‹ aufbewahrt seien, wie die Märchen gesammelt. Dabei enthalten die kleinen Texte Wörter und Ausdrücke, die heute nicht mehr verständlich sind, schlimmer noch: die uns aufgrund von Anklängen an Bekanntes völlig in die Irre führen. In den *Deutschen Rechtsregeln und Rechtssprichwörtern*, die Ruth Schmidt-Wiegand herausgegeben hat, finden sich dafür die Beispiele zuhauf.

Wer den Bifang inne hat, soll auch den Fried machen bedeutet: Wer den Acker angelegt hat, ist auch für die Umzäunung (die Befriedung) zuständig. *Was ein Bastard verbricht, das gelten die Magen der Mutter, nicht des Vaters*: Für das Vergehen unehelicher Kinder haften die mütterlichen, nicht die väterlichen Verwandten. *Der Stammler darf sich wohl erholen*: Während ein Anliegen vor Gericht normalerweise nur einmal vorgetragen werden durfte (weshalb sich Unerfahrene von ›Fürsprechern‹ vertreten ließen), durften die Stammler ihr Anliegen wiederholen. Ganz schlimm die scheinbar harmlose Formulierung: *Das Kind folgt dem Busen*, wo der »Busen« nicht die Mutterbrust bedeutet, sondern die Verwandtschaft in absteigender Linie. Auch bei *Gerade geht nicht über die Brücke* dürfte jeder heutige Leser resignieren: Die »Gerade« ist nämlich die Aussteuer, die nicht in Städte ohne Sondererbregelung verbracht werden durfte. Genauso überfordert wohl *Die sechs Sibbesten wahren den siebten*, wo die »Sibbesten« die Eideshelfer darstellen, die jemand (als »Siebter«) brauchte, um seine Unschuld zu beweisen.

Aber es kann auch dann schlimm kommen, wenn kein einziges Wort unverständlich ist, nur die damit verbundene Metaphorik: *Die Tochter frisst die Mutter.* Mit der »Mutter« ist hier das Darlehen gemeint, mit der »Tochter« die damit verbundenen Gebühren. Bei *Michael mahnt und Martin zahlt* ahnt man es vielleicht. Hier sind der Michaelistag (29. September) und der Martinstag (11. November) gemeint, zwischen denen die Pacht fällig war.

Eines der schönsten Beispiele für heutige Verständnisschwierigkeiten aber stellt der Spruch dar: *Die Biene ist ein wilder Wurm.* Schmidt-Wiegand stellt an den Anfang ihrer Belege das *Sächsische Weichbildrecht* aus dem Mittelalter, verweist auf römisch-rechtlichen Ursprung und endet mit dem Hinweis auf § 961 BGB. Dort findet sich in durchaus verständlicher Formulierung der Grundsatz, dass Bienen, die ihren Stock verlassen und sich andernorts angesiedelt haben, vom Eigentümer nicht zurückverlangt werden können. Sprachlich also durchaus verständlich, in diesem Fall eher sachlich irritierend. Mag im Mittelalter die Biene wirklich ein »wilder Wurm« gewesen sein, uns kommt sie heute eher als Eigentum ihres Besitzers vor. Dass sich ›gefundenes‹ Recht so lange erhalten konnte!

Auge um Auge, Zahn um Zahn

Wahrscheinlich ist es die bekannteste Rechtsregel überhaupt: Gleiches mit Gleichem vergelten, wie es auch noch in einem weiteren Sprichwort zum Ausdruck kommt – *mit gleicher Münze heimzahlen.* Wer hinter Gesetzen und Gesetzeswerken nur Schlupflöcher und Fallstricke wittert, atmet auf: Endlich eine einfache, eine gerechte Lösung. Als sie im 2. Jahrtausend v. Chr. in Babylon aufkam (Gesetze des Hammurabi), löste sie jedoch etwas ab, was man damals für einfach und gerecht hielt: Rache. Gleiches mit Gleichem zu vergelten, war ein Stück Rationalisierung, wandte sich gegen den ›natürlichen‹, aber auch zerstörerischen Impuls der Vergeltung ohne Ansehung des Schadens. Das Alte Testament hat diese Stufe der Rationalisierung übernommen, und zwar ausdrücklich nicht als menschlich ›gesetztes‹ Recht, sondern als von Gott befohlenes, in der ›Sache selbst‹ liegendes Recht. Nach den allgemeinen Zehn Geboten (Exodus 20,1 ff.) folgt das Bundesbuch mit den speziellen Gesetzen. Die Gleichheitsregel (nach lateinisch *talis* auch Talionsregel) findet sich dort bei den Körperverletzungen (Exodus 21,23 ff.).

Rational also, nicht ›natürlich‹! Keine grenzenlose Vergeltung, sondern nur eine genau bemessene! Dann folgt wiederum die Geschichte. Schon in der Zeit Jesu gibt es die Ablösung durch Ersatzleistungen, auch wenn der Grundsatz als Schutz gegen Übergriffe auf der einen Seite und Schutz gegen maßlose Vergeltung auf der anderen im Prinzip in der ganzen Mittelmeerwelt erhalten blieb. Im werdenden Europa dringt er in die Volksrechte, ein Kapitular von 835 lobt ausdrücklich die alttestamentliche Formel. Im Hochmittelalter taucht die Regel im *Schwabenspiegel* auf, nicht aber im etwas älteren *Sachsenspiegel*, wobei zu dieser Zeit längst die Umstellung auf Ersatzleistungen vollzogen war. Andererseits gab es auch bewusste Rückgriffe auf die Gleichheitsregel: die ›spiegelnden‹ Strafen, die mindestens ein Merkmal des Verbrechens sichtbar machten, um auf diese Weise abzuschrecken (die herausgeschnittene Zunge bei Meineid zum Beispiel).

Aber damit ist die Geschichte nicht zu Ende erzählt, im christlichen Kulturkreis fehlt das Wichtigste. Die Gleichheitsregel kommt in der Bergpredigt des Neuen Testamentes vor, als die sogenannte fünfte Antithese: »Ihr habt gehört, dass gesagt ist: Auge um Auge und Zahn um Zahn. Ich aber sage euch: Ihr sollt dem Boshaften keinen Widerstand leisten; sondern wer dich auf die rechte Wange schlägt, dem wende auch die andere zu […].« Damit ist nun – nach Hammurabi und Moses – die nächste Stufe der Rationalisierung bezeichnet, die radikalste, die die Kulturgeschichte kennt: Verzicht auf das Recht. Nach dem Ende der grenzenlosen Vergeltung kommt die Forderung nach dem Ende der Vergeltung überhaupt. Die Idee dahinter ist leicht zu durchschauen. Schlag und Gegenschlag bilden einen Zirkel, aus dem man nicht entrinnt, es sei denn, man entzieht sich ihm. Es wird nicht gesagt, dass Vergeltung Unrecht ist, sondern nur, dass Vergeltung zu Eskalation führt. Die Alternative lautet Liebe.

Bei jedem neuerlichen Nachdenken darüber kann man nur staunen: über die Genialität der Lösung ebenso wie über unsere Unfähigkeit, sie umzusetzen.

Wer zuerst kommt, mahlt zuerst

Nichtfachleute wissen über die Geschichte des Rechts meist so viel, dass es einmal zwei ›Kulturen‹ gab, die auf diesem Gebiet Geltung beanspruchten und entsprechend das Leben regelten: das römische Recht und das (auf die Germanen zurückgehende) Volksrecht. Im Mittelalter dominieren zunächst die (verschiedenen) Volksrechte, die dann in wiederholten Schüben vom römischen Recht überlagert werden, bis dieses in der frühen Neuzeit die Oberhand gewinnt. Im Kaiserrecht (als Gegensatz zum kirchlichen oder kanonischen Recht) der *Constitutio Criminalis Carolina* (kurz CCC oder auch *Carolina*), die 1532 von Karl V. auf einem Reichstag zu Regensburg zum Reichsgesetz erhoben wurde und in Preußen bis 1871 galt, ist dieser Vorgang (fast: es gab immer noch die salvatorische Klausel für Alternativen) abgeschlossen.

Für das Volksrecht pflegt man sich auf den bis heute bekannt gebliebenen *Sachsenspiegel* des Eike von Repgow zu berufen. Aufgezeichnet wurde er zwischen 1225 und 1230, fand Verbreitung in zahlreichen Handschriften, darunter vier wundervoll ausgemalten (die Abbildung zu *Brief und Siegel geben* ist diesem Kapitel vorangestellt), und bildete die Vorlage für ähnliche Unternehmen, besonders den nur wenig später entstandenen *Schwabenspiegel*. Der Verfasser selbst hat in der Vorrede zum Ausdruck gebracht, dass er altes (mündliches) Gewohnheitsrecht zusammenstelle, um es zu bewahren und der Orientierung zugänglich zu machen. Früher hat man das ohne weiteres geglaubt. Neuere Forschung, besonders von Ruth Schmidt-Wiegand, liefert den Nachweis, dass Eike sich durchaus als Gelehrter in der (schriftlichen) römischen Tradition auskannte, auch wenn er ein Faible für Volkstümliches im Allgemeinen und Sprichwortgut im Besonderen hat, das er stets in schönem (Nieder-)Deutsch wiedergibt.

Eines der Paradebeispiele für die ›Überlagerung‹ ist: »De ok erst der molen kumt, de scal erst malen«. Vom Dialekt befreit, heißt das: Wer zuerst zur Mühle kommt, soll zuerst mahlen. Dies klingt mit dem Reim »molen«/»malen« ganz nach Mündlichkeit und ließ Germanisten von germanischer Herkunft träumen. Aber es gibt eben schon im römischen Recht das Prioritätsprinzip (*prior tempore potior iure*: früher der Zeit nach, eher dem Recht nach), das hier möglicherweise auf die sogenannte Kundenmühle übertragen wurde – in hübscher Formulierung als Merksatz für Schöffen, die mit so etwas zu tun hatten.

Für uns ist etwas anderes jedoch interessanter. Was Eike von Repgow beim Mühlenrecht zum ersten Mal formuliert, wird zum Sprichwort. Und zwar zu einem solchen, in dem die Mühle als *pars pro toto* für all die anderen Fälle steht, wo der Erste auch zuerst zum Zuge kommen soll. Den gleichen Weg hat Eikes Teilungsprinzip genommen: *Der Ältere teilt, der Jüngere wählt*. Ob römisch oder germanisch, ob gelehrt oder aus dem Volk stammend: Dass Rechtliches in den Alltag eingedrungen ist und sich dort behauptet hat, ist das Entscheidende. Wer einmal mit Geschwistern einen leckeren Braten teilen musste, ohne Streit zu bekommen, weiß, was hier gemeint ist.

Rechtssprichwörter, die man nicht mehr versteht, sterben aus. Manchmal aber passiert etwas anderes: Sie verwandeln sich, aus der Raupe wird ein Schmetterling. Unromantischer formuliert, gibt es für das alte Bild eine neue Verwendung, in der die Herkunft verborgen ist, auf die es aber nicht mehr ankommt.

Aller guten Dinge sind drei ist ein schönes Beispiel dafür. Sogar mehrfach kommt es vor, dass früher etwas dreifach vollzogen werden musste oder gestattet war. Im Gerichtsverfahren wurde zum Beispiel dreimal geladen, zweimal konnte man ungestraft fernbleiben. Wer Goethes *Reineke Fuchs* kennt (der auf mittelalterlichen Vorlagen beruht), weiß, dass der Fuchs dies nicht nur ausnutzt, sondern den ersten beiden Boten übel mitspielt. Für ein Kollegium bedurfte es der Dreizahl als unterster Grenze. Im Geschworenengericht mussten mindestens drei der sieben Schöffen im Urteil übereinstimmen. Wer auf einem Fußmarsch unterwegs Äpfel oder Birnen mitgehen ließ, blieb bei bis zu genau drei Exemplaren straffrei, weil dies als (gestatteter) Mundraub galt. Schließlich war es im Schiffsrecht üblich, Strafen dreifach auszuführen, etwa bei Schlägen.

Zahlreiche weitere Fälle dieser Art von Neuerfindung alter Rechtsgrundsätze als Orientierungen im Alltagsleben lassen sich aufführen. *Wer A sagt, muss auch B sagen* ist eine römische Rechtsregel, nach der ein Käufer und ein Verkäufer, die in ein Rechtsgeschäft eingewilligt hatten, sich auch auf die Einhaltung verpflichteten. Wer ein ›klassisches‹ Beispiel dafür sucht, wird bei *Hänsel und Gretel* fündig. Dort bringt der

Vater die Kinder genau aufgrund dieser Regel wieder in den Wald. *Keine Antwort ist auch eine Antwort* gehörte zum Recht der Willenserklärung vor Gericht. Man konnte schweigen, musste aber wissen, dass dies als abschlägige Antwort gewertet wurde: *Wer schweigt, stimmt zu* (*qui tacet, consentire videtur*) hieß es auch. Sogar *Geld heilt alle Wunden* erweist sich als Rechtsgrundsatz. Körperverletzungen konnten danach mit Geld gesühnt werden, falls man denn welches hatte. Ansonsten ging es einem ans ›Leder‹.

Ein Sonderfall wird uns noch in einem eigenen Artikel beschäftigen, aber so viel zeigt sich bereits an solchen Beispielen: Viel Recht kommt im Sprichwort vor. Wir fassen das Recht heute anders, haben dicke Bücher und noch dickere als Auslegung dazu. Die alten Bilder sind also ›frei‹. Viele davon eignen sich wundervoll für minder schwierige Fälle.

Jemandem aufs Dach steigen

Die Grundlage jeden Rechts ist das Gewaltmonopol. Mittelalterliche Raubritter waren nicht deshalb Raubritter, weil sie raubten (das taten Soldaten auf ihren Kriegszügen auch), sondern weil sie es im eigenen Namen taten. Aber eine Lücke gibt es doch. Das ›Volk‹ konnte auch ohne oder neben den Rechtsinstanzen erhebliche Strafmaßnahmen vornehmen. Eine davon ist uns im Sprichwort bewahrt, allerdings bis zur Unkenntlichkeit verhüllt: *jemandem aufs Dach steigen*. Kaum glaublich, dass dies einmal nicht bildlich galt, sondern in die Tat umgesetzt wurde. Ein ganzes Dorf stieg jemandem aufs Dach und deckte es ab. Wahlweise konnte man auch den Backofen zerschlagen. Was musste dem vorausgehen?

Ulrike Schowe hat es in allen Einzelheiten beschrieben und in den Zusammenhang des Rechts gestellt: Es handelt sich um sogenannte Partialwüstung, also nicht völlige Zerstörung, sondern ›nur‹ teilweise mit einem gewissen symbolischen Hintergrund. Mit dem Dach ist ›Schutz‹ verbunden, das Dach über dem Kopf steht für Behausung schlechthin. Mit dem Abdecken wird jemand außerhalb der menschlichen Gemeinschaft gestellt, beinahe den Tieren gleich. Dafür musste ein Verbrechen vorliegen, das gegen die Gesetze der Gemeinschaft verstieß. Tatsächlich sieht man dies leicht ein im Falle von Notzucht etwa. Die Überraschung liegt jedoch in einem Delikt, auf das die Reaktion geradezu spezialisiert war: wenn sich ein Mann von seiner Frau schlagen ließ. So hat es schon Jacob Grimm in seinen *Rechtsaltertümern* gesammelt und noch einen Beleg in einem Protokoll der Gemeinde Urberach aus dem Jahre 1713 gefunden.

Einmal vertraut mit derart rohen Bräuchen, merkt man, dass es ähnliche Strafaktionen gab, die sich wiederum im Sprichwort als bloße Bilder erhalten haben. *Jemandem den Stuhl vor die Tür setzen*, zum Beispiel einer Witwe, wurde einmal tatsächlich so vollzogen. Auch *jemanden bis aufs Hemd ausziehen* war etwa bei (Spiel-)Schulden eine Maßnahme, an sein ›Recht‹ zu kommen. Sogar *Ausfressen* (der Vorräte) gab es als Zwangsmaßnahme gegen einen Schuldner, um ihn zum Verlassen von Haus und Hof zu zwingen.

Wieder mit einer Gemeinschaftsaktion wie beim Dachabdecken verbunden war die *Katzenmusik* oder das (französisch-italienische) *Charivarimachen*. Man drückte seine Missbilligung oder auch seinen Spott dadurch aus, dass man vor das Haus eines Störenfrieds zog und dort mit verstimmten oder ohnehin nur Lärm machenden Instrumenten eine fürchterliche Musik aufführte, die der Betreffende durchaus ›verstand‹. Verstöße gegen die Moral waren typische Anlässe, auch eine (zu schnelle) zweite Heirat konnte genügen. Als im Jahre 1848 Lola Montez, die berüchtigte Exgeliebte Ludwigs I. von Bayern, die dieser zur Gräfin von Landsfeld gemacht hatte – wodurch er eine Regierungskrise auslöste –, durch Bonn kam, zogen Studenten vor ihr Hotel und machten eine Katzenmusik, von der sogar die *Kölnische Zeitung* berichtete. Nur scheint sich die ehemalige Tänzerin nicht viel daraus gemacht zu haben. Sie zog weiter durch Deutschland und ließ sich von Neugierigen feiern.

Zu viel Recht ist Unrecht

Rechtssprichwörter bewahren im Allgemeinen Rechtsgrundsätze oder Rechtsregeln – und leben allenfalls weiter in übertragenem Sinne. Aber es gibt im Sprichwort auch die Diskussion des Rechts, die Frage, was Recht eigentlich ist, bis hin zur Kritik an der Realität der Rechtsprechung.

Als Paradefall lässt sich nennen: *Zu viel Recht ist Unrecht*. Gemeint ist, dass sich menschliches Handeln nicht auf den Aspekt der Rechtlichkeit reduzieren lässt – es muss auch Spielräume geben. Eine Reihe anderer Sprichwörter bringt ähnliche Aspekte zum Ausdruck, etwa *Gnade vor Recht ergehen lassen*. Geläufig, aber wohl selten in seinem alten Sinn durchschaut, ist auch die Paarformel *recht und billig*. Dabei hat dieses »billig« nichts mit »preiswert« zu tun, sondern ist mit »billigen«, »gebilligt« verwandt. Gemeint war der Aspekt der Angemessenheit bei der Beurteilung. Das Recht bringt immer allgemeine Normen hervor, an denen Fälle gemessen werden müssen. Darin liegt die Gefahr, dass Umstände nicht berücksichtigt werden, die eine mildere Beurteilung nahe legen. Wenn etwas recht *und* billig ist, heißt dies, dass es eben unter Berücksichtigung *aller* Aspekte Geltung beansprucht – Einspruch zwecklos.

Umgekehrt gehörte es zu den großen Enttäuschungen, dass das Recht gebeugt oder missachtet wurde. Fast immer geht es dabei um die Erfahrung von Gewalt: *Gewalt und Gunst bricht Recht*, hieß es, auch: *Wo Gewalt Recht ist, hat das Recht keine Gewalt* oder: *Wo Recht keine Gewalt hat, da wird Gewalt Recht*.

Einfacher steht es schon in den Sprichwörtersammlungen des 16. Jahrhunderts, wenn Agricola etwa *Gewalt geht vor Recht* behandelt. Jacob Grimm hat unter seinen *Weistümern*, die altes Volksrecht bewahren, *Gewalt ist kein Recht* gesammelt. Aber dies antwortet im Grunde auf resignatives, ironisches oder auch zynisches *Gewalt ist Recht* oder auch *der Stärkere hat Recht*.

Daran gemessen sind andere Diskussionen vielleicht harmloser, aber immer noch irritierend genug. Gelegentlich ließ sich Recht nicht so fassen, dass es auch als ›gerecht‹ empfunden wurde. Dann kollidiert die Vorstellung vom Gerechtigkeitsbezug des Rechts mit der in der Neuzeit fortschreitenden Vorstellung der bloß ›positiven‹ Rechtlichkeit des Rechts. So kommt es, dass unterschiedliche Rechtsvorstellungen unterschiedliche Rechtssprichwörter hervorgebracht haben, zum Beispiel *Kauf bricht Miete* im Gegensatz zu *Kauf bricht Miete nicht*. Schon Eike von Repgow bekämpfte das alte Sprichwort *Kein Kind ist seiner Mutter Kebskind*, mit dem die Gleichstellung der unehelichen Kinder mit den ehelichen formuliert war, und setzte sich für die Bevorzugung der ehelichen ein. Eike hielt dies eben für ›gerecht‹ und stützte sich auf die Römer. Die unehelichen Kinder werden es dagegen als ›Gewalt‹ empfunden haben.

Eine Kuh wird nicht weiß

Es ist heute nicht schwer, sich über den Sprichwörtergebrauch von Menschen in entlegensten Regionen der Welt zu informieren. Günther Schlee und Karaba Sahado haben beispielsweise Material bei den Rendille erhoben, einem kleinen Volk (1979 wurden 21 794 Personen gezählt) von Hirtennomaden im Norden von Kenia. Um der Gefahr zu entgehen, ›Fremdes‹ allzu sorglos aus dem europäischen Blickwinkel zu betrachten, haben sich nicht nur Beobachter aus den beiden Kulturen zusammengetan, sondern den Sprichwörtern außer der wörtlichen (englischen) Übersetzung eine Bedeutungsanalyse und Informationen über den Gebrauch hinzugefügt. Dabei war von Anfang an klar, dass in einer Kultur ohne kodifizierte Gesetze und institutionalisierte Gerichte dem Recht eine besondere Bedeutung zukommt. Die Sprichwörter formulieren mit anderen Worten bevorzugt Normen des Zusammenlebens, die sich auf Konflikte, Schuld, Strafe beziehen.

Wer seine Finger immer in die Erde steckt, wird eines Tages gebissen, heißt es beispielsweise. Gemeint ist, dass jemand eine ganze Weile ungesetzlich handeln kann, ohne zur Rechenschaft gezogen zu werden – aber zum Schluss kommt die Strafe doch. Komplizierter liegen die Dinge bei *Die Spitze der Zunge scherzt, aber auf ihrem Rücken ist Wahrheit*. Wieder wird eine ›Wahrheit‹ in ein (nach unsern Maßstäben) derart konkretes Bild gefasst, dass der Bezug kaum zu erraten ist: Die Zunge schmeckt gewissermaßen eine Aussage ab, spürt mit der Spitze etwas Schmerzhaftes, mit dem Rücken die Wahrheit. Verwendet wird dieses Sprichwort gegen jemanden, der sich über eine scherzhafte Attacke erregt und die berechtigte Kritik in ihr nicht wahrhaben will. Als Beispiel dient die Geschichte von einem jungen Mann, der sich ein zehnjähriges Mädchen als Braut erwählt, des frühen Alters wegen geneckt wird und sich zehn Jahre später bei der Hochzeit daran erinnern lassen muss, dass er damals die Wahrheit unterm Scherz nicht bemerkt hat.

Mag man in diesem Fall die Tatsache einer Konfliktregelung kaum wahrnehmen, so gibt es andere Sprichwörter, in denen der rechtliche Hintergrund auch für uns deutlicher hervortritt. *Diebe leugnen sogar dann, wenn sie auf frischer Tat ertappt werden* hält man demjenigen vor, dem irgendetwas nicht einleuchten will. *Wer etwas Rohes isst, wundert sich über seinen Bauch* ist eine Anspielung auf mangelndes Schuldbewusstsein. In diesem Fall veranschaulichen die Autoren die Verwendung mit folgender Geschichte: Aus der Herde wurde ein Tier gestohlen. Alle werden zusammengerufen und sollen den Dieb nennen. Niemand bekennt. Da verplappert sich jemand: »Wir haben es nicht gegessen« – und muss Strafe zahlen. Schuld kann man nicht verbergen, sie ›arbeitet‹ in einem.

Gerade in ihrer Einfachheit sind es (für uns) komplizierte Sprichwörter, die offenbar auch für ihre Verwender stärker in ›Geschichten‹ wurzeln, als wir es gewohnt sind. Selbst unser *Lügen haben kurze Beine* klingt bei den Rendille, falls man es denn vergleichen kann, sehr ungewohnt: *Eine Kuh wird nicht weiß*, heißt es wieder einmal entwaffnend konkret. Verwendet wird das Sprichwort, um einem notorischen Lügner zu signalisieren, dass man ihn durchschaut hat.

Gedanken zur Politik

Als Adam grub und Eva spann ...

... *wo war denn da der Edelmann?* So wird das Sprichwort meist zitiert, das während eines Bauernaufstandes in England 1381 entstanden sein soll. Auf Latein enthält es ein Augsburger Frühdruck von 1473, dessen bildliche Umsetzung unserem Kapitel vorangestellt ist. Die ersten deutschen Belege begegnen wieder zu Zeiten von Bauernkriegen. In Johannes Agricolas Sammlung von 1534 hieß es zum Beispiel wörtlich: *Do Adam reutte und Eva span / Wer was do eyn Edelman?* Im gut fünf Druckseiten langen Kommentar steht dem Sinne nach: Wir sind alle Adams Kinder und deshalb alle gleich. Und weiter: Tugend macht adlig, aber Adel nicht tugendhaft. Ein Fanfarenstoß, ohne Zweifel! Haben uns die Historiker etwa eine Revolution verschwiegen?

Natürlich nicht. Zum Verständnis gehört vielmehr die Tatsache, dass es von der Antike übers gesamte Mittelalter bis weit in die Neuzeit eine geschlossene Tradition der Kritik am Adel gab, die als Hofkritik bezeichnet wird. Möglich, dass ein Sprichwort einmal in der Praxis eine Rolle spielte. Ganz überwiegend aber haben wir es mit einer literarischen Erscheinung zu tun, die feste Muster ausbildete, eine sogenannte Topik. In der frühen Neuzeit hat ein spanischer Franziskaner mehrere Schriften verfasst, die in Europa beispiellose Autorität genossen und bis ins 18. Jahrhundert bekannt blieben: Antonio de Guevara, Hofprediger und Reisebegleiter Karls V. Münchener Hofkreise beauftragten Aegidius Albertinus mit einer Übersetzung ins Deutsche, die ebenfalls großen Erfolg hatte, besonders die *Institutiones vitae aulicae oder Hofschul* (1600). Im Jahre 1604 erschien gar eine viersprachige Ausgabe.

In diesen Schriften erfährt der Adel heftigste Kritik. Es geht um Luxus sowie Laster und es geht um Freiheit bzw. Unfreiheit. Prächtige Kleidung und Ausstattung der Räume werden angeprangert, übertriebener Aufwand für Ess- und Trinkgelage sowie zeremoniöses Gepränge. Missgunst, Geiz, Wollust und Eigennutz stehen auf der Liste, und ganz besonders ins Gericht geht de Guevara mit den Schmeichlern, die am meisten für die Fehlentscheidungen der Fürsten verantwortlich sind. Als Zusammenfassung all dessen lässt sich das Sprichwort lesen: *Wer lange am Hof lebt, lebt lange in der Hölle*. Nur darf man sich nicht täuschen lassen. Schon de Guevara, selbst dem Adel entstammend, ist nicht prinzipiell gegen seine Standesgenossen, hält keine Verfassung für sinnvoller als die monarchische. Immer geht es um Reform, um Besserung.

Auf genau dieser Spur aber folgen die Sprichwörter bzw. Sprichwörtersammlungen. Schon Agricola, der viel Hofkritisches bietet (*Zu Hofe ist manch Mann verdorben*, lautet eines seiner Kapitel), auch die Egenolffsche Sammlung der *Sprichwörter, Schöne, Weise Klugreden* […] von 1575, die es von ihm übernimmt, hatten nie etwas anderes im Sinn als Bekehrung. Im Barock und in der Aufklärung war es nicht anders. Als 1789 die Franzosen mit der Gleichheit Ernst machten, rieben sich die Betroffenen wohl verwundert die Augen. Wie hatte aus den gewohnten ›Sprüchen‹ Wirklichkeit werden können?

Von einem Toten Steuern verlangen

In Zeiten, in denen das Thema Steuern die Politik beherrscht, mag eine Erinnerung an die Vergangenheit willkommen sein. Man kann ja Trost brauchen. Und ist es nicht schon Trost, wenn das folgende Sprichwort heute ausgestorben ist? *Von einem Toten Steuern verlangen* – wenigstens darauf kommt doch wohl niemand mehr.

Bezeichnend, dass der früheste Beleg uns zu Aristoteles führt, also in den antiken Stadtstaat, der damals gerade dem ersten westlichen Weltreich unterlegen war: dem makedonischen Philipp II. und besonders seinem Sohn Alexander dem Großen. Die Demokratie war also dahin, man lebte in ebenso illusions- wie gnadenlosen Zeiten. Von allen Idealen dominiere nur noch eines: das Reichwerden. Und prompt zitiert Aristoteles das Sprichwort beim Thema Scham bzw. Schamlosigkeit – als Beleg für »schmutzige Gewinnsucht«. Irgendwer hatte wohl gerade die Frage gestellt, warum Beerdigungen unbedingt kostenlos sein müssten.

Aristoteles konnte nicht wissen, dass es im nächsten Weltreich noch viel schlimmer zuging. Zuerst presste man die Provinzen aus, dann war auch Rom selbst an der Reihe. Kaiser Vespasian wollte sogar den (von Färbern aus öffentlichen Toiletten bezogenen) Urin besteuern und hielt seinem entsetzten Sohn das Wort entgegen, das bis heute bekannt blieb: (das auf diese Weise gewonnene) *Geld stinkt nicht.* Erasmus hat bei seiner ausführlichen Behandlung des Sprichworts dargelegt, dass Vespasian in ›guter‹ Tradition stand: auch an Zuhälterei und Prostitution verdiente der römische

Staat, und in Korinth ließ er gar Gräber öffnen, um die den Toten mitgegebenen Bronzegaben zu rauben. Allerdings ist dies nur der Auftakt für das, was Erasmus in seiner eigenen Zeit als Skandale auflistet. Und wieder wird es eher noch schlimmer.

Nicht in den Einzelheiten, aber im Gesamten. Alles sei von Geld beherrscht, lautet die These. Noch harmlos, dass die Geldverleiher (im Gegensatz zu den Bauern) »schon fast zu den Säulen der Kirche« gerechnet würden, wo die ›Väter‹ doch den Wucher verboten und die Bankiers immer verachtet hätten. Mittlerweile würden die (normalen) Geldverleiher noch übertrumpft von systematisch vorgehenden Monopolisten, die Waren, besonders Lebensmittel, aufkauften, um sie zum mehr als doppelten Preis wieder abzusetzen. Nichts sei mehr heilig, natürlich auch die Gräber nicht, die doch immer von Abgaben frei waren.

Die folgenden Seiten lassen sich als (Un-)Sittenbild des frühen 16. Jahrhunderts lesen – mit besonderer Berücksichtigung des Steuerwesens. Im Hafen sind genauso Gebühren fällig wie beim Begehen einer Brücke. Immer neue Zehnten werden ausgeheckt, überall lauern die »Aasgeier«. Beim Bier fällt der halbe Preis an den Fürsten, kein Schwein, kein Pferd lässt sich ohne Abgabe verkaufen. Dabei sind die Behörden käuflich, »als ob Herrschaft nichts anderes wäre als ein Geschäft großen Stils«. Und die Geistlichen tun es den Fürsten gleich. Schon der Beitritt zum Christentum, die Taufe, ist gebührenpflichtig, der ›Austritt‹ beim Tod selbstverständlich auch. Wer will da heute noch über die paar Kröten Steuern lamentieren?

Gedanken sind zollfrei

Nein, nicht frei, sondern zollfrei hieß es seit der frühen Neuzeit. Johann Agricola belegt es so, auch wenn sein hochmittelalterlicher Gewährsmann Freidank noch lediglich davon sprach, dass niemand die Gedanken fangen könne, weil sie »frey« umherliefen. Aber dieser Zoll (für Zins oder Steuer) sollte offenbar das Bild prägen: Für alles musste man (Agricola sagt sogar: mit Recht) zahlen, für die Gedanken jedoch nicht. Die wesentlich spätere Forderung nach »Gedankenfreiheit«, die Schiller im *Don Karlos* dem Marquis Posa in den Mund legt, hängt offenbar nicht mit dem Sprichwort zusammen. Man hat gezeigt, dass das Vorbild aus England stammt (*freedom of thought*). Daneben blieb das Bild von der Zollfreiheit weiter lebendig. Noch Karl Friedrich Wilhelm Wander behandelt das Sprichwort so im späten 19. Jahrhundert.

Am interessantesten geschieht dies nicht in seinem *Deutschen Sprichwörter-Lexikon*, sondern im *Politischen Sprichwörterbrevier* von 1872, das als Tagebuch zwischen 1857 und 1862 entstanden war, mitten in den Zeiten der Restauration in Deutschland. Wander hat dort zu mehr als tausend Sprichwörtern in aphoristischer Manier kleinere oder größere Kommentare verfasst, die sich alle als Auseinandersetzung mit dem Zeitgeist verstehen, vor allem mit einem Preußen, in dem nach der gescheiterten 48er Revolution die Reaktion dominierte. Das Überraschende aber liegt darin, dass der leidenschaftliche Vertreter der These, der Geist eines Volkes spiegele sich in seinen Sprichwörtern, dem deutschen Volk sein Spießertum, seine politische Unmündigkeit vorhält: »Es dürfte schwerlich ein Volk geben, das demütigere, vertröstendere und auf die lange Bank schiebendere Sprichwörter besitzt, als das deutsche. Welche Menge von Entsagungs- und Kasteiungssprichwörtern hat es aufzuweisen [...]?«

Der erste Kommentar klingt dabei noch harmlos: »Wahrscheinlich ist den Gedanken deshalb Zollfreiheit zugestanden, teils weil die Kontrolle schwierig ist, und teils weil der Zoll die Erhebungskosten nicht decken würde.« Es kommt jedoch bissiger: »*Gedanken sind zollfrei.* Dennoch ist die Ausfuhr davon sehr gering; es gibt Ortschaften, ja ganze Staaten, in denen gar kein Geschäft in diesem Artikel gemacht wird.« In weiteren Kommentaren ist davon die Rede, dass die Gedanken »nur als Schlachtvieh steuerfrei« seien, dass es schlimm bestellt sei um einen Staat, »in dem schon Worte und Meinungen Verbrechen sind«. Aus einem Buch von W. Menzel zitiert Wander die Charakterisierung Deutschlands als »vollendeten chinesischen Staatsmechanismus, in dem die Literatur ein bloßer Zweig des Staatsdienstes sei und Ausgabe und Einnahme der Gedanken ebenso scharf wie die Staatsgelder kontrolliert« würden. Schließlich der Höhepunkt: »Sind Gedanken vielleicht deshalb zollfrei, weil die Mehrzahl der Menschen ohnehin nicht denkt? Möchte man da nicht wünschen, dass das Denken verboten werde, damit die Denkfaulen aus einem angebornen Triebe nach dem Verbotenen einmal den Versuch zu denken machten?« Und ganz resignativ der letzte Eintrag: »*Gedanken sind zollfrei*, nur muss man sie vorher stempeln lassen.«

Leben wie im Schlaraffenland

In Boccaccios *Decamerone* (1348–53), einem großen Zyklus meist schwankhafter Novellen, wird jemand mit seinem naiven Glauben ans Schlaraffenland hereingelegt. In der wirklichen Welt wächst das Brot eben doch nicht auf den Bäumen und gebratene Tauben fliegen einem auch nicht in den Mund – Faulheit und Wohlleben bleiben ein Traum.

Und so kennen wir die Geschichte: als Warnung vor einer falschen Hoffnung, als Leitbild nur der Missratenen dieser irdischen Gesellschaft, in der selbst Utopien ganz anders aussehen. Seit Thomas Morus wird im Land Utopia anders als im Schlaraffenland hart gearbeitet. Im Gegensatz zur wirklichen Welt gibt es nur Gerechtigkeit und Ausgleich (manchmal etwas gewagt: auch Frauengemeinschaft), keine Ruhe. Die Welt des Überflusses und Nichtstuns blitzt allenfalls in satirischen Gemälden wie dem von Pieter Brueghel dem Älteren (in der Münchener Pinakothek) auf oder verflüchtigt sich ins Märchen (aber nicht in die der Brüder Grimm, vielmehr in die etwa gleichzeitig entstandene Sammlung von Ludwig Bechstein).

Peter Assion hat demgegenüber einen überraschenden Seitenzweig des Sprichworts aufgezeigt, eine durchaus aufregende Politisierung nach der eher langweiligen Moralisierung vom Mittelalter bis ins 19. Jahrhundert. Und zwar brachte die große Auswanderungswelle nach Amerika das Thema ins Spiel, beutete es regelrecht aus. Nun begann eine Warnung vor dem Schlaraffenland in ganz anderer, nämlich höchst konkreter Weise. Um den Verlust all der billigen Arbeitskräfte aufzuhalten und um den Freiheitsforderungen des Vormärz etwas entgegenzustellen, wird Amerika als ein *vermeintliches* Schlaraffenland verunglimpft. Die Erwartung von »Willkür, Völlerei und Faulheit« sei albern, hieß es in gedruckten Warnungen für Auswanderungswillige, publiziert in Zeitungen und Kalendern. Als angebliches Zeugnis eines ausgewanderten Soldaten konnte man den Rat lesen, »nie dieses Land zu betreten, denn Kummer und Elend erwarten hier denjenigen, der glaubt, dass ihm die gebratenen Tauben in den Hals fliegen werden«.

Auch auf höherem Niveau orientierte sich die Diskussion am Thema Schlaraffenland. Der Jurist Gottfried Duden (also nicht der bekanntere Konrad) pries Amerika in einem Reisebericht als wahres »Paradies« und ermunterte damit zur Auswanderung. Der Staats- und Nationalwirtschaftslehrer Michael Alexander Lips verurteilte umgekehrt die Auswanderung als »Massenwahn« und wandte sich ausdrücklich gegen die Vorstellung von einem »Feen-Land«, in dem »ewiger Friede und Genuss« herrsche und alle Bedürfnisse »ohne Mühe« befriedigt würden. Unter den minder niveauvollen Anschlussschriften karikierte ein Wiener Blatt den Bauern Seppel, der beim Bier von einem Amerika träumt, in dem es statt Steuern volle Scheuern gebe – sodass er auswandert und nur Elend antrifft.

Das war 1863, in Spitzenjahren der Auswanderung. Aber jeder weiß es: Die Verhältnisse im alten Europa wurden nicht besser und die Welle ließ sich so einfach nicht mit einem Sprichwort aufhalten.

Die Hunde bellen, aber die Karawane zieht weiter

Wolfgang Mieder hat die Geschichte in allen Einzelheiten erforscht und als Beispiel für die völkerverbindende Rolle des Sprichworts hingestellt – hier das Wichtigste in Kürze!

Im Februar 1988 hörte man von Helmut Kohl den Satz: *Die Hunde bellen, aber die Karawane zieht weiter.* Im Juni galt er bereits als das Lieblingssprichwort des Kanzlers. Als er es zu dieser Zeit auf einem Parteitag seinen internen Kritikern vorhielt, folgte eine erste Reaktion. Ein Delegierter wehrte sich gegen die Degradierung zum bloßen »Lasttier«, was im *Spiegel* zu einem Kommentar mit dem Titel führte: »Wir wollen nicht Kamele sein«. Rasch griffen auch andere Journalisten das Thema auf. Teils wurde das »hoffnungsfrohe« Weiterziehen der Partei ironisiert, teils auf die »Lustlosigkeit« der »Kamele« hingewiesen und vor allem darauf, dass die »Hunde« aggressiver würden.

Als alle glaubten, Kohl sei der Erfinder des Sprichworts, kam heraus, dass er ganz im Gegenteil sechs Jahre früher sein Opfer war. Am 3. Juni 1981 hatte der damalige Kanzler Helmut Schmidt dem damaligen Oppositionsführer Helmut Kohl das Sprichwort entgegengehalten, um seine These von der »inhaltlich nichtssagenden Opposition« zu bekräftigen. Kohl erwiderte darauf, ihm sei die Titulierung der Opposition als »bellende Hunde« »völlig gleichgültig«, und fuhr fort: »Aber, Herr Bundeskanzler: Die Karawane besteht im Spruch aus Kamelen, und sie zieht durch die Wüste. Dass Sie am Ende Ihres Weges die Wüste umgibt, ist auch wahr. Aber wir brauchen nicht darüber zu sprechen, wer der Kameltreiber in dieser Karawane ist.« Dass Kohl nach nur sechs Jahren das Sprichwort selbst benutzte, dass er es sogar offenbar bevorzugt gegen parteiinterne Gegner benutzte, ist ein Fall für sich. Woher jedoch hatte Schmidt das Sprichwort?

Fast kann man es sich angesichts der Karawane denken: Es kam aus dem Türkischen (mit viel größerer Prägnanz und schönem Reim: *It ürür, kervan yürür*), von wo es in die Gastländer einsickerte. 1919 zitiert Marcel Proust es im ersten Band seines Romans *Die Suche nach der verlorenen Zeit* als arabisches Sprichwort. Aber schon wesentlich früher, 1879, nahm Karl Friedrich Wilhelm Wander es in sein Wörterbuch auf, und zwar mit der deutschen ›Parallele‹: *Der Hund bellt den Mond an, aber der Mond scheint fort.* Nur stand dieses Sprichwort damals neben ungefähr 250 000 anderen und wurde offenbar nicht wahrgenommen. Der erste neuere Beleg im Deutschen scheint ins Jahr 1966 zu fallen, als Axel Springer es bei der Eröffnung seines Berliner Verlagshauses benutzte, um die Rolle von *Bild* herauszustellen. Interessanterweise hat damals offenbar niemand protestiert, kein Journalist wahrgenommen, dass schon bei diesem ersten Gebrauch eine Provokation vorlag, die das türkische Sprichwort selbst kaum als Pointe hat.

So gesehen scheint das Fazit von Mieder überdenkenswert. Gewiss bereichern Gäste ihre Gastgeber und gewiss verbinden Sprichwörter Völker. Aber eine Verengung im Gebrauch, die nur noch Provokation sein will? Dafür dürften sich Geber wie Nehmer gleichermaßen bedanken.

Wer zu spät kommt, den bestraft das Leben

Dass Sprichwörter im Munde von Politikern zur Waffe werden, wird niemanden verwundern. Polemik, die sich des Sprichworts bedient, hat schon aufgrund der Kreativität, die dabei im Spiel ist, etwas Reizvolles. Ein schönes Beispiel geradezu für eine Sprichwortschlacht hat sich 1975 im Deutschen Bundestag abgespielt. Hans Blumenberg verdeutlichte in seinem Buch *Schiffbruch mit Zuschauer* daran, wie ›Bilder‹ unsere Gedanken »dirigieren, führen und verführen, jedenfalls die bloße Fortsetzung einer Gedankenkette antreiben und anleiten«. Hier die Wiedergabe nach einem Bericht von Rolf Zundel in der *ZEIT*:

»In einer Haushaltsdebatte schildert ein Abgeordneter der Regierungskoalition den festen Kurs, den das Staatsschiff dank der koalierten Besatzung habe, und vergleicht die Opposition mit unruhigen Passagieren, die einen Nachholkurs in Navigation nehmen müssten, um eines Tages wieder auf die Kommandobrücke zu kommen. Zwischenruf der Opposition: *Wir sitzen nicht in einem Boot.* – Redner: *Ich spreche von dem Schiff unseres Landes, und dazu gehören Sie doch!* – Zwischenruf Wehner: *Er ist ein blinder Passagier!* – Zwischenruf Opposition: *Sie sitzen bald auf Grund, wenn Sie so weitermachen.* Als der Redner seinen Vortrag mit nochmaligem Gebrauch der Metapher schließt: *Weil dieses Schiff den richtigen Kurs hat und damit es weiterhin gute Fahrt macht …*, bekommt er beim Abgang als letzten Ruf: *Und Sie sind der Klabautermann.*«

Polemik ist aber nur die eine Seite des politischen Sprichwortgebrauchs, es gibt auch eine ganz andere

Idee. Im Jahre 1959 kam es bei den Vereinten Nationen in New York zur Gründung einer *Paroemiological Society* aus Mitgliedern des UNO-Sekretariats und von UNO-Delegationen mit dem ersten ständigen Sekretär Victor de Guinzbourg. Zur Ausstattung gehörte binnen kurzem eine Bibliothek von über 3000 Bänden. Ein erster Rechenschaftsbericht stand unter dem Titel *Proverbs about War, Peace, Diplomacy*, es folgte der Band *Wit and Wisdom of the United Nations. Proverbs and Apophthegms on Diplomacy*, den Guinzbourg außer in englischer Sprache auf Chinesisch, Französisch, Russisch und Spanisch herausgab (leider nur in unzugänglichen Privatdrucken). Das Ziel der Bemühungen war umrissen mit einer Hilfestellung für die Interpretation von Konflikten, für Völkerverbindung und Friedenssicherung.

Leider ist nichts bekannt über den Erfolg – wenn man die seither ausgetragenen Konflikte in der Welt Revue passieren lässt, wird man eher pessimistisch urteilen. Und doch gibt es Beispiele, bei denen das Sprichwort sogar eine Rolle in der Weltpolitik spielt. Das berühmte *Wer zu spät kommt, den bestraft das Leben* gehört dazu, auch wenn seine Geschichte nicht ganz so verlaufen ist, wie man es meist hört. Als Michail Gorbatschow am 7. Oktober 1989 – also kurz vor dem Fall der Mauer – in Ost-Berlin eine Rede zum 40. Jahrestag der Gründung der DDR hielt, sprach er lediglich davon, dass es »gefährlich für denjenigen wird, der nicht auf das Leben reagiert«. Dies wurde dann von Journalisten auf den sprichwörtlichen ›Punkt‹ gebracht.

Das Lachen wird ihnen noch vergehen

Man hätte es sich denken können und doch übertrifft die Wirklichkeit die Phantasie: Auch das Sprichwort ist von den Nazis pervertiert worden, auch ›Sprichwortforscher‹ gehörten zu den willigen Helfern. Wolfgang Mieder hat die Geschichte samt Vorgeschichte rekonstruiert. Hier muss ein Resümee genügen.

Zunächst einmal: Das wichtigste Feld des Einsatzes von Sprichwörtern war bei den Nazis der Antisemitismus. Auf perverse Weise zeigt das Sprichwort seine ganze Kraft, wie man sie auch beim Witz nachgewiesen hat: als Verhöhnung, die die Vernichtung vorbereitet. Dabei haben Judenwitz wie Judensprichwort eine lange Tradition. Jüdische Forscher gingen im 19. Jahrhundert sogar voran bei der Sammlung und glaubten, das Unheil durch Aufdeckung verhindern zu können. Aber die Fanatiker gewannen rasch das Übergewicht. In Sally Simon Tilles' *Der Jude im Citat und im Sprichwort* (1892) findet man die Beispiele massenhaft: *Judentrug und Judenplag währet bis zum jüngsten Tag* etwa.

Und doch sind es weniger diese Verunglimpfungen, die die Pervertierung ausmachen. Noch viel wirkungsvoller war der Einsatz bekannter und harmloser Sprichwörter, die nun einen völlig neuen Sinn erhielten. Gerade Hitler war darin ›Meister‹. So gehörte die Floskel, dass etwas *in Fleisch und Blut übergeht*, zu seinen Lieblingswendungen. Auch auf die Bibel griff er zurück, etwa mit dem Zitat von *Auge um Auge, Zahn um Zahn*, womit nicht nur die Vernichtung bemäntelt wurde, sondern jener eigenartige Zug zum ›Wahrmachen‹ von Metaphern zutage tritt, den Karl Kraus früh analysiert hat. *Den Mund stopfen* oder *mit harter Faust durchgreifen* gehören dazu, sogar *Salz in die Wunden streuen* hat man als Folter tatsächlich praktiziert.

Und dennoch ist selbst dies nicht der Tiefpunkt der Verwendung von Sprichwörtern. Der zeigt sich an zwei Hitler-Zitaten, die an Zynismus nicht zu überbieten sind: Dass man den Juden *kein Haar krümme*, ist das eine. Dass ihnen *das Lachen vergehen* werde, das andere. In beiden Fällen liegt das vor, was zum Wesen des Zynismus gehört: den Betrug dem Betrogenen höhnisch ins Gesicht zu sagen. Jeder wusste, dass den Juden mehr als nur die Haare gekrümmt wurden. Und jeder wusste, dass ihnen nicht nur das Lachen vergehen solle. Dabei zeigt sich gerade beim letzten, von Hitler am allerhäufigsten gebrauchten Sprichwort etwas, was Victor Klemperer früh durchschaut hat: die paranoide Angst des Diktators vor seinen Opfern.

Daran gemessen wirken die Neuschöpfungen der Nazis bloß peinlich, wie etwa Hitlers Beschreibung der idealen Nazijungen als *flink wie Windhunde, zäh wie Leder und hart wie Kruppstahl*, oder Goebbels' Versuch, den neuen ›Sozialismus‹ zu definieren, bei dem *nicht allen das Gleiche*, sondern *jedem das Seine* zukommen solle. Vollends lächerlich aber machten sich Beflissene mit Reinterpretationen von alten Sprichwörtern in nationalsozialistischem ›Geist‹. Karl Bergmann, der unter anderem *Erst gesundes Blut, dann großes Gut und schöner Hut* in seine Sammlung aufnahm, fügte auch *Arbeit schändet nicht* hinzu. Er wusste offenbar nicht, dass gerade dieses Sprichwort jüdischen Ursprung hat: *Arbeit is kaan Charpe*, wo »cherpah« das hebräische Wort für »Schande« darstellt.

Toter Buchstabe

Missbrauch von Sprichwörtern ist schlimm, aber letztlich das, was man erwartet. Es gibt noch Schlimmeres: die systematische Pervertierung kultureller Errungenschaften. Ein Beispiel dafür ist die Entgegensetzung von Buchstabe und Geist, an deren Anfang die Formulierung des Paulus steht, dass der Buchstabe »tötet«, aber der Geist »lebendig macht« (2. Kor. 3,6). Nach einer unglücklichen Vorgeschichte führt uns auch dieser Fall mitten hinein in nationalsozialistische ›Politik‹.

Eine der großen Umstellungen in unserer Kultur war mit dem Buchdruck verbunden. Das bislang nur langsam und teuer herzustellende handschriftliche Buch kommt plötzlich schnell und billig aus der Presse. Was bislang ganz überwiegend der Mündlichkeit anvertraut war, findet mehr und mehr den Weg in die Schriftlichkeit. Gutenbergs Erfindung datiert in die Zeit um 1450. Im Jahre 1520 hatten die Humanisten die Texte der Antike in der Hand, aber erst um 1800 war der völlige Umschwung vollzogen. Genau damals erwachten Ängste. Herder sammelte Volkslieder, die »lebendig ins Herz [tönten]«, während die Dichter der neuen Zeit »für die papierne Ewigkeit« schrieben. Der weniger bekannte Adam Müller hielt 1812 in Wien damals viel beachtete *Reden über die Beredsamkeit*, in denen sich der heute kurios anmutende Satz findet: »Glücklicherweise neigt sich die Herrschaft der Feder überall dem Ende entgegen: weder der Buchstabe noch das Geld werden unsere Staaten retten, dies Höchste, diese Bedingung aller unserer Zukunft überhaupt gewährt nur das lebendige Wort und die lebendige Tat.« Der *tote Buchsta-*

be, einst in der Bedeutung gebraucht, dass jedes wie auch immer fixierte Wort der Interpretation bedürfe, wird zum Schlachtruf gegen den Buchdruck, gegen die »toten Lettern«, die »tote Schriftsprache«, wogegen sich eine wahre Euphorie des »Gesprächs« bis in den »Zauber« der Stimme geltend macht.

Natürlich ließ sich der Buchdruck nicht rückgängig machen und natürlich kann man die Ängste verstehen angesichts der ersten Erfahrungen mit einem Büchermarkt, in dem Wertvolles im Schund versinkt. Aber schon diese Ängste sind instrumentalisiert worden, spielen eine wenig bekannte Hauptrolle in der nationalsozialistischen Begründung von Rassismus und völkischer Ideologie. Eine abwegige ›Sprechwissenschaft‹ polemisierte damals gegen »von der Druckerschwärze [...] verwirrte Kulturmenschen« und erwartete vom Sprechen die Enthüllung des »deutsch-volkshaften Ursprünglichkeitswortes«. Natürlich musste die »jüdische Großpresse« mit ihren »schreibenden Giftmischern« herhalten, um die Schädlichkeit des Buchstabens zu dokumentieren. All dies führte zur ultimativen Verballhornung der Rede vom *toten Buchstaben*: »Es ist die Rückkehr ins Ur des Wortes, in seine anfängliche, noch leibgebundene, blutdurchflossene, gefühlsdurchwebte Gestalt – gegenüber der zivilisatorischen Ablösung, die auch beim Sprechen stets aus der Späte des Druckwortes zu kommen scheint. Die Grundlage des Marxismus ist ein Buch in schlechtem Papierdeutsch, Hitler dagegen bleibt auch im Papier atmender Redner und schrieb erst und nur, als er am Reden verhindert war.« Was für ein Wahnsinn!

Politik verdirbt den Charakter

Sprichwörter, die das Wort Politik enthalten, sind selten. Röhrich nennt kein einziges, bei Büchmann finden sich fünf geflügelte Worte. Auf Bismarck geht *die Politik als die Kunst des Möglichen* zurück, auf Karl von Clausewitz *der Krieg als Fortsetzung der Politik mit anderen Mitteln. Die Politik verdirbt den Charakter* war 1882 der Fanfarenstoß, mit dem eine »Zeitung für Nichtpolitiker« (*Tägliche Rundschau*) ihr Programm ankündigte. In abgewandelter Form begegnet die Formulierung schon einige Jahrzehnte früher – darauf ist noch zurückzukommen.

So neu sollte das Sprichwort sein? Ein Blick in die Sammlung des Erasmus von Rotterdam belegt nicht unbedingt, dass es den Satz als Sprichwort gab, aber doch, dass Erasmus ihn für ein solches hielt. Die großen Philosophen, Sokrates und Platon, hätten nichts damit zu tun haben wollen, die größten Redner der Antike, Demosthenes und Cicero, seien mit ihren Ambitionen gescheitert. Aristophanes liefert sogar eine Doppelzeile, in der das Verhalten der ›Schöngeister‹ zur Politik sprichwortverdächtig zusammengefasst wird: »Regieren ist kein Ding für Leute / von Charakter oder musischer Erziehung«. Und dann ein Filmriss bis 1882? Natürlich nicht! Nur findet sich der ›Inhalt‹ lange Zeit anders verpackt: als Hofkritik – davon wird noch gesondert die Rede sein.

Und doch ist der Hinweis auf das 19. Jahrhundert interessant. Damals nämlich bekam die abfällige Bemerkung über Politik einen neuen, und zwar durchaus gefährlichen Sinn. Das Sprichwort wendet sich nun gegen jene Form der Politik, die vor allem Frankreich mit der Revolution eingeführt hatte: gegen die parlamentarische Demokratie. Während sich 1848 auch in Deutschland (in der Frankfurter Paulskirche) die Hoffnungen auf eine Verfassung richteten, auf eine Konstitution, in der die Rechte des Volkes vertreten sein sollten, wurden Diskussion und Abstimmung sehr bald zu Schimpfworten. Ein Mann wie Jacob Grimm, der selbst als einer der »Göttinger Sieben« tapfer gegen absolutistische Willkür aufgestanden war und dafür seines Amtes enthoben wurde, schied aus der Paulskirche enttäuscht aus. Brieflich polemisierte er gegen »diese Schreier«, in seinem *Deutschen Wörterbuch* lautet der Eintrag zum Stichwort ›Parlament‹: »Gesellschaft, worin beraten oder tumultiert wird«. Übrigens lebt der Vorwurf noch in den »Schreiern von Weimar« fort, womit die Nazis die Demokraten verächtlich machten.

Eine höchst unglückliche Geschichte also. *Die Politik verdirbt den Charakter* – also Rückzug ins stille Kämmerlein, lieber Bildung als Auseinandersetzung, bloß keine Teilnahme am ›schmutzigen Geschäft‹. Viel zu selten ist dem widersprochen worden. Und wenn, dann höchstens satirisch, wie man es in Gustav Freytags Lustspiel *Die Journalisten* (1882) findet, wo kennzeichnenderweise eine adlige Dame sagt: »Wenn ich jemals in die Lage käme, einen Mann zu meinem Herrn zu machen, ich würde ihm nur eine Bedingung stellen, die weise Lebensregel meiner alten Tante: Rauchen Sie Tabak, mein Gemahl, soviel Sie wollen, er verdirbt höchstens die Tapeten, aber unterstehen Sie sich nicht, jemals eine Zeitung anzusehen, das verdirbt Ihren Charakter.«

Eine Hand wäscht die andere

Bismarcks Porträt hat wohl auch heute noch jeder vor Augen: ein markiges Gesicht, dem der kräftige Schnauzbart den letzten und fast überflüssigen Zug an Männlichkeit verleiht. Nur können Porträts nicht den Mund aufmachen. Wäre dies der Fall, käme ein Missverhältnis zum Vorschein, mit dem es die Bewunderer des ersten Reichskanzlers immer schwer hatten: seine Fistelstimme, die im Reichstag kaum mehr als die ersten zwei, drei Sitzreihen erreichte. Und dann das nächste Missverhältnis: die unerhörte Wortgewalt, was die Geschliffenheit des Ausdrucks anlangt. Bismarcks Reden, seine Briefe, seine Schriften bieten fraglos mit die beste Kunstprosa des 19. Jahrhunderts. Die originelle Bildlichkeit ist unübertroffen.

Man kann sich die Fortsetzung beinahe denken: am auffälligsten der Sprichwortgebrauch! Schon die Menge an Belegen macht jeden Vergleich obsolet. Wo Bismarck sich verständlich machen, wo er einer Beobachtung Nachdruck verleihen will, endet der Gedanke fast zwanghaft in der Form eines konkreten, eines allgemein bekannten, eines bildhaften Ausdrucks – besonders gern in Anknüpfung an ein Sprichwort. *Jemandem eine Brücke bauen*, *sich nicht die Butter vom Brot nehmen lassen*, *sich nach der Decke strecken*, *seine Felle fortschwimmen sehen*, *etwas auf die Goldwaage legen*, *die Kastanien für jemanden aus dem Feuer holen*, *den Teufel an die Wand malen* – die Reihe würde leicht endlos. Unter den vielen geflügelten Worten ist mindestens eines sprichwörtlich geworden: *eine weiße Weste haben*.

Nur liegt in diesen Belegen als solchen nicht die Pointe. In nachaufklärerischen Zeiten tendierte der neuerliche Gebrauch der Sprichwörter zur Abwandlung, zur kühnen Verwendung des alten Materials. Gerade darin war Bismarck Meister. Dem Sprichwort etwa, dass *jeder nur mit Wasser kocht*, folgt als subtile Fortsetzung: »Ich habe nie daran gezweifelt, dass sie [seine Kollegen im Bundestage von 1851] alle mit Wasser kochen; aber eine solche nüchterne, einfältige Wassersuppe, in der auch nicht ein einziges Fettauge zu spüren ist, überrascht mich.« Das Sprichwort von den *gebratenen Tauben, die einem in den Mund fliegen*, wird in höchst konkreter Anwendung geboten: »Die Herren erwarten, dass ihnen der Bundestag [wieder von 1851] die gebratene Taube mit vormärzlicher Sauce in den Mund schieben wird.« Selbst in kleinsten Hinzufügungen kann diese Art der Aneignung liegen, wenn Bismarck etwa von der »hohlen Gasse von Wien« spricht oder davon, »dass selbst Preußen dem französischen Kater nicht die Schelle anzuhängen weiß«.

Ja, gerade in diesen minimalen Erweiterungen bekannter Sprichwörter, die dem ›allgemeinen‹ Charakter den ›konkreten‹ Inhalt hinzufügen, scheint das Geheimnis der Bismarckschen Virtuosität zu liegen. Als könne er es nicht beim Gewohnten belassen, heißt es: »Ich bitte um Entschuldigung, wenn von dem, wovon das Herz voll ist, mein Tintenfass überläuft.« Mit einer der schönsten Wendungen dieser Art aber hat Bismarck nicht unwesentlich die europäische Politik bestimmt: »Eine Hand wäscht die andere, und sehen wir die Wiener Seife nur erst schäumen, so werden wir gerne die Wäsche erwidern.«

Im Alltag

Das Kind mit dem Bade ausschütten

Es gehört zu den Sprichwörtern, die am schönsten in ein Bild umgesetzt werden können. Schon der erste Beleg, im 81. Kapitel der *Schelmenzunft* (1512) von Thomas Murner, ist mit einem Holzschnitt verziert, der das Geschehen unmissverständlich festhält (wiedergegeben als Titel zu diesem Kapitel). Ob Murner das Sprichwort erfunden oder übernommen hat, ist kaum zu klären. Jedenfalls erläutert er es überaus anschaulich und stellt es neben ein anderes Sprichwort: *Kein Unfall kommt allein*, besser bekannt als *Ein Unglück kommt selten allein*. Der Narr macht eben alles verkehrt, wird nie (aus Schaden) klug, verkauft das Kalb mit der Kuh und schüttet anschließend das Kind mit dem Bade aus.

Die *Schelmenzunft* war dabei ein heiter-satirisches Werk wie schon die vorangegangene *Narrenbeschwörung*, mit denen der von Kaiser Maximilian zum Dichter gekrönte Franziskaner so viel Erfolg hatte, dass er ihnen die *Geuchmatt* (in der Bedeutung von ›Narrenwiese‹) folgen ließ, um dann mit dem vierten ›Narrenbuch‹ *Von dem großen Lutherischen Narren, wie ihn Dr. Murner beschworen hat* (1522) zu einer der zentralen Figuren in der Reformation zu werden. Klar, dass Luther sich nicht lumpen ließ, Murner als »Murrnarr« verunglimpfte und mit seiner Überlegenheit dafür sorgte, dass dieser Gegner seine Tage in Einsamkeit endete. Aber so viel Ehre tat er Murner doch an: wiederholt benutzt Luther das Sprichwort, um das Anliegen der Reformation als ein Unternehmen zu kennzeichnen, bei dem das Kind *nicht* mit dem Bade ausgeschüttet wurde.

Sebastian Franck, der in seiner Sammlung *Sprichwörter, schöne, weise, herrliche Klugreden und Hofsprüche* (1541) das Sprichwort ganz und gar in den Dienst der Reformation stellte, hat in genau die gleiche Kerbe gehauen. Es sei falsch, Brauch und Missbrauch *zusammen* aufzuheben, zum Beispiel auf Beten und Fasten zu verzichten, nur weil die Katholiken es falsch betrieben, predigt er und erläutert es an ganz ähnlichen Beispielen wie einstmals Murner: »Das heißt, Zaum und Sattel mit dem Pferd zum Schinder führen, das Kind mit dem Bad ausschütten.« Allerdings erhob kurz darauf noch einmal ein Franziskaner, der weniger bekannte Johannes Nas, in diesem Punkt seine Stimme und kritisierte die Reformatoren, dass sie eben doch das Gute an der alten Kirchenorganisation zusammen mit dem Schlechten beseitigt hätten. Wenn Luther die schlechten Bischöfe von den guten unterschieden hätte, könne man seine Kritik nachvollziehen, heißt es – aber er habe *das Kind mit dem Bade ausgeschüttet*, als er sie alle als Diener des Antichrist bezeichnete.

Reformatoren und Gegenreformatoren konnten also genauso viel mit dem Sprichwort anfangen. Ist das ein Einwand gegen dessen ›Lehre‹? Im Gegenteil! Nichts zeigt besser, worauf es beim Sprichwort ankommt: sich auf einfache Weise verständlich zu machen.

Alte Kamellen

Es gehörte immer zu den interessantesten Aufgaben von Sprichwortforschern, vergessene Bedeutungen aufzudecken. Ein Sprichwort wird gebraucht, es wird auch richtig gebraucht, aber der Sprecher weiß eigentlich gar nicht, was er sagt. Zum Beispiel erzählt jemand etwas und der Zuhörer reagiert gelangweilt, weil er es zum soundsovielten Mal schon gehört hat: *Das sind alte Kamellen*. Wohl die meisten werden glauben, es gehe um Bonbons. Aber alte Bonbons müssen nicht unbedingt schlecht sein. Wohl gilt dies für alte »Kamillen«, die im Niederdeutschen »Kamellen« hießen. Wer sich daraus einen Tee bereitet, wird wissen, dass dieser weder schmeckt noch Bauchschmerzen lindert.

Von dieser Art gehen die Beispiele in die Hunderte. *Unter allen Kanonen* ist etwas, was unter aller Kritik, also völlig undiskutabel erscheint. Und wieso ausgerechnet unter Kanonen? Es sind eben nicht wirklich »Kanonen« gemeint, sondern *Kanons*, besser: lateinisch *canones*, die alten Bewertungsmaßstäbe in der Schule. Wessen Arbeit unterhalb lag, befand sich damit jenseits jeder Bewertbarkeit. Wer es drastischer liebte, sagte es in leichter Abwandlung: *unter aller Sau*. Besonders schön auch die Wendung *einen Kater haben*. Nicht auszudenken, was man sich darunter wohl schon alles vorgestellt hat. Nur hat noch niemand einen »Kater«, sondern immer nur einen »Katarrh« gehabt.

Wie man sieht, sind es besonders die Fremdwörter, die der Verballhornung Vorschub leisten. Bekanntlich haben wir in der deutschen Sprachgeschichte neben viel Latein immer wieder Schübe von Übernahmen aus dem Französischen gehabt. Kein Wunder also, dass bald nach dem Eindringen kaum noch jemand den Ursprung erkannte. Was sind zum Beispiel *Kinkerlitzchen*, wenn wir sagen, dass wir solche *machen*? Eben, es handelt sich um französisch *quincaille*, also Kurzwaren, die ja wirklich viel weniger wert sind als komplette Kleidungsstücke. Sogar *über den Onkel gehen* erweist sich als Anleihe an die Sprache unserer Nachbarn. Im Französischen bezeichnet *ongle* den »Fußnagel« und man weiß ja, wie ein Gehen aussieht, bei dem jemand ständig mit dem einen Fuß den Fußnagel des anderen trifft.

Wo wir bei den Füßen sind, mag eine schwierige Redewendung behandelt sein, bei der weder Fremdsprachen noch Dialekte eine Rolle spielen: *Fersengeld geben* als spöttische Umschreibung der Flucht. Schon in der Antike gab es dafür das Bild *die Höhlung des Fußes zeigen*, im Französischen (*montrer les talons*) und Englischen (*to show a good pair of heels*) lässt sich die Wendung ebenfalls belegen. Im Deutschen ist nur noch das ›Zahlen‹ hinzugekommen, wozu man auf die Geldbuße bei Flucht vor dem Feind verwiesen hat, von der zum Beispiel im alemannischen Recht die Rede ist. Auch beim Verlassen des Ehegatten war im Mittelalter eine Entschädigung vorgesehen. Ob sich das Bild dagegen von den schnell abwechselnd sichtbar werdenden Fersen des Entfliehenden herleitet, die den springenden Geldstücken entsprächen, wie man vermutet hat, scheint demgegenüber eher an den Haaren herbeigezogen.

Eine Eselsbrücke bauen

Die Erklärung alter Sprichwörter fällt schwer genug, wenn Wörter ihre Bedeutung geändert haben und uns deshalb zum Narren halten. Genauso tückisch kann der Fall sein, wenn sich die Bedeutung durchaus erhalten hat, nur der Kontext der Verwendung vergessen ist.

Dazu zählt etwa die Redensart *in die Brüche gehen*. In diesem Fall geht nichts ›zu Bruch‹. Vielmehr sind die »Brüche« in der Mathematik gemeint. Für darin weniger Sattelfeste bedeutet dies, dass die Rechnung nicht aufgeht, es entsprechend (etwa mit dem Teilen) schwierig wird. Aus einem ganz ähnlichen Bildbereich stammt *klein beigeben*. Auch hier sind Zahlen beziehungsweise Werte im Spiel, diesmal die beim Kartenspiel üblichen. Wer voraussieht, dass er in einer Runde keinen Stich machen kann, gibt eben den kleinsten Wert bei, den er zur Verfügung hat.

Im Gegensatz zu solchen Beispielen ahnt man bei der *Eselsbrücke* dunkel, dass die Kulturgeschichte einen geheimen Sinn verbirgt. Zwar kommt die Brücke oft ganz harmlos im Sprichwort vor: als die *goldene Brücke*, die man jemandem *baut*, um ihm den Rückzug schmackhaft zu machen, oder als die Brücke, die man *hinter sich abbricht*, um eine Entscheidung auf keinen Fall mehr rückgängig machen zu können. Aber warum eine Eselsbrücke? Wie kommt der Esel ins Bild? Bei Tieren empfiehlt sich immer ein Blick in jene antike *Naturkunde*, die Plinius zusammengetragen hat (davon später mehr). Dort findet man tatsächlich die Kombination von Esel und Brücke, wenn man liest, dass Esel über keine Brücken gehen, durch deren Planken man in die Tiefe sehen kann. Dies passt freilich schlecht zur üblichen Verwendung der *Eselsbrücke*, mit der ja gemeint ist, dass einem geholfen, dass Schwieriges leicht gemacht wird – nicht schwer wie bei der Brücke des Plinius. Sollte es wirklich eine Verkehrung des ursprünglichen Sinns in sein Gegenteil gegeben haben, wie es in der Forschung behauptet wird?

Die Kulturgeschichte bietet jedoch auch anderes als Lösung an. Wer Umberto Ecos *Der Name der Rose* gelesen hat, erinnert sich vielleicht an die Stelle, wo William seinen Schüler Adson fragt, was aus den schwarzen Fingern der Toten zu schließen sei. Adson versucht es mit den logischen Mitteln des Aristoteles, die er gelernt hat, und kommt auf den *Darii*, den dritten Schluss der ersten Figur, worauf William sein Vertrauen in diese Art von Schlüssen kritisiert. Aber uns bringt der *Darii* weiter, weil er eine der Gedächtnisstützen ist, die man bei der Benennung der insgesamt neunzehn gültigen Schlüsse verwandte. Neben diesen Gedächtnisstützen für *logische* Figuren gab es aber auch noch solche für mathematische. Unter den Sätzen des Euklid (der erste ist der Satz des Pythagoras) hatte der fünfte (zu gleichschenkligen Dreiecken) den Namen *pons asini*, Eselsbrücke. Was die Sprichwortkundler offenbar übersehen haben, findet sich im *Lexikon des Mittelalters* unter dem Stichwort »Schlussfigur« in einem Nebensatz: Diese gedächtnisstützenden Namen wurden später eben alle Eselsbrücken genannt. Womit keine Art von Verkehrung ins Gegenteil mehr nötig ist.

Hand und Fuß haben

Nicht nur in der Bibel gibt es einen Schöpfungsbericht. Auch Platon hat in einem Mythos die Erschaffung der Erde einschließlich des Menschen geschildert. Dabei geht er dessen Sinnesorgane durch, beginnend mit dem Sehsinn. Bei Aristoteles, der wie immer die Systematik vollendet, lautet die Reihe: Sehen, Hören, Riechen, Schmecken und Tasten. Die dazu passenden Organe sind bekannt: Auge, Ohr, Nase, Mund und Hand.

Irgendwie hat man dies immer als Hierarchie ausgelegt, als Wertung, besonders hinsichtlich des Sehens und Hörens. Für die Philosophen war der Vorrang des Sehens selbstverständlich, Sehen und Erkennen beinahe dasselbe. Aber das Sprichwort hält sich nicht daran, in ihm spielt das Ohr eine durchaus gleiche Rolle wie das Auge – ob darin die Mündlichkeit der ›Volkskultur‹ zum Ausdruck kommt? Verliebt ist man beispielsweise *über beide Ohren*, man *schreibt sich etwas hinter die Ohren*, *hat es (faust)dick hinter ihnen*, *ist noch nicht trocken hinter den Ohren*, *spitzt sie*, *sperrt sie auf*, *hält sie steif*, *liegt einem in den Ohren* oder *bläst hinein*, wenn man sagen will, dass jemand ein Schmeichler oder ein Anstifter zu Üblem ist (der alte *Ohrenbläser*). Dieser (leicht vermehrbaren) Reihe stellt das Auge entgegen: *Die Schuppen fallen einem davon*, man *weint sie sich aus* oder *sie gehen einem über*, sie sind gelegentlich *größer als der Magen*, *es geht etwas hinein* oder *passt wie die Faust darauf*, man *macht jemandem schöne Augen* oder *liest einem etwas davon ab* – auch hier lässt sich die Reihe verlängern.

Das eigentlich Interessante aber liegt darin, dass die anderen Sinne, bei Platon wie Aristoteles reichlich abgeschlagen, im Sprichwort durchaus mithalten können. Was lässt sich nicht alles mit der Nase anstellen? Man *hat eine gute* oder man *hat sie voll*, *führt jemanden* (mittels eines Ringes wie der Bauer den Stier) *daran herum*, *schnappt einem etwas davor weg*, *bindet etwas darauf*, *fasst sich daran*, *reibt jemandem etwas darunter*, *steckt sie überall hinein* oder *sieht einem die Untat an ihrer Spitze an* – wiederum mit erheblicher Verlängerungsmöglichkeit. Und genauso der Mund. *Auf ihn fällt man* nicht gerne, *man spart sich etwas davon ab*, *lebt von der Hand in den Mund*, *spricht einem danach* oder *fährt ihm darüber*, *lässt sich ihn nicht verbieten* oder *redet sich ihn fusselig* und so fort.

Fehlt nur noch die Hand. Gibt es auch die im Sprichwort? Fast stellt sie die philosophische Reihe auf den Kopf! Allein die *rechte Hand* muss herhalten, wenn es um Wichtiges geht, man *verbrennt sich* nicht gern *die Hände*, soll sie nicht *in den Schoß legen*, eher *über dem Kopf zusammenschlagen* oder *in Unschuld waschen*. Redensarten wie *auf der Hand liegen*, *auf den Händen sitzen*, *seine Hände im Spiel haben* würden Seiten füllen. Und noch etwas an der Aufzählung des Aristoteles ist seltsam unrealistisch. Er berücksichtigt die Hand ja nur als (das letzte) *Sinnes*organ. Das Sprichwort macht es zu einer Art Werkzeug, das ohne sein Pendant unvollständig ist: Alles muss schließlich *Hand und Fuß haben*.

Ein unbeschriebenes Blatt sein

Wer *kein Blatt vor den Mund nimmt*, ist bald *kein unbeschriebenes Blatt* mehr, es sei denn, *das Blatt wendet sich* – aber *das steht auf einem andern Blatt*. Eigenartig, diese vielen Sprichwörter rings ums »Blatt«, die Winke im Alltag geben, ohne dass wir auf Anhieb angeben könnten, wie sie an ihre Bedeutung gekommen sind.

Am einfachsten zu erklären ist der letzte Fall: *Auf einem andern Blatt stehen* heißt so viel wie: in einen anderen Zusammenhang gehören, was sowohl Gutes wie Schlechtes bedeuten kann. Auch das *sich wendende Blatt* macht keine besonderen Schwierigkeiten. Wir sind allenfalls erstaunt, dass andere Nationen beim gleichen Sinn sich so viel mehr als wir zumuten. Dass es in Spanien der Eierkuchen ist, der sich wendet, mag noch hingehen. In England müssen es schon ein paar Tische sein: *the tables are turned*, heißt es dort. Das *Blatt vor dem Mund* ist schon schwieriger. Es war wohl wirklich ein Blatt vom Baum, ein ziemlich großes, denn seiner bedienten sich in der Antike die Schauspieler, wenn sie Bitterböses lieber hinter ein wenig Deckung aussprachen. Wer darauf verzichtete, lebte also gefährlich, so wie es Luther an David herausstrich, der auch »kein blat für das Maul« nahm, indem er seine Sache »grob und unvernunfftig« vortrug.

In wirklich komplizierte Fragen verwickelt uns dagegen das *unbeschriebene Blatt*, die *tabula rasa*. Es klingt nach der schreibwütigen Neuzeit, ist aber das älteste Beispiel in unserer Blatt-Sammlung. Sie führt mitten hinein in eine nicht enden wollende philosophische Auseinandersetzung, seit Platon die Seele mit einer Wachstafel verglich und behauptete, in sie seien die Ideen eingetragen, mit deren Hilfe wir uns in der Welt orientierten. Aristoteles hielt die Tafel, die schon bei Plutarch zum Blatt wurde, für unbeschrieben. Die Geschichte der Philosophie, jedenfalls soweit sie sich um die Voraussetzungen des Erkennens dreht, lässt sich fortan als Ringen um das Blatt verstehen.

Ein Höhepunkt liegt in der neuzeitlichen Aufklärung, als man hoffte, die Frage empirisch lösen zu können, und zwar beim Experiment mit einem Blinden, der durch Operation sehen lernt. Schon Leibniz hatte gegen Locke behauptet, dass ein Blinder von Farben reden könne, weil die angeborene Vernunft (also das beschriebene Blatt) ausreiche, um jede Vorstellung zu erzeugen. Dann stellte William Molyneux die Frage, ob ein sehend gewordener ehemaliger Blinder Kugel und Würfel beim ersten Blick unterscheiden könne. 1728 wurde das Experiment tatsächlich gemacht, aber man war sich hinterher nicht einig, ob die Versuchsbedingungen eingehalten worden waren. Da verschärfte Diderot 1749 in seinem *Brief über die Blinden* die Bedingungen, verlangte vom Probanden eine Erklärung, was ein ihm vorgehaltener Spiegel sei. Aber auch in diesem Fall blieb das Ergebnis mehrdeutig, weil nicht zu klären war, was der sehend Gewordene mit seinen Worten wirklich meinte.

So kam es noch einmal zum gleichen Experiment mit der blinden Mélanie von Valignac, die die Gelehrten mit ihren philosophischen Fragen endgültig im Stich ließ, als sie pantomimisch vorführte, wie sich jemand vor dem Spiegel aufspielt – nämlich eitel.

Ausgehen wie das Hornberger Schießen

Wie oft hören wir das Wort, vor allem von Politikern: *Es ging aus wie das Hornberger Schießen.* Wie oft haben wir es schon selbst gebraucht – und waren froh, dass niemand uns gefragt hat: Na, wie denn? Wir hätten es jedenfalls nicht gewusst, die Politiker wissen es nicht – und all dies aus einem einfachen Grund: Niemand weiß es. Jedenfalls nicht genau. Dabei liegt das Kurioseste noch darin, dass Hornberg wohlbekannt ist und als Luftkurort im Schwarzwald kräftig mit seinem Sprichwort wirbt. Nur eben kann auch dort niemand erklären, was es bedeutet, denn es existieren schlicht widersprüchliche Versionen, die sich verschiedenen alten Sagen verdanken.

Eine berichtet davon, dass die Hornberger einstmals ihren Herzog erwarteten und alle Vorbereitungen zum Empfang trafen. Als sie ihn ankommen wähnten, schossen sie Salut, und zwar solange der Vorrat reichte. Aber es war nur eine Vorhut gewesen und der Herzog musste wenig später ohne Spektakel einziehen.

Ganz anders klingt es aus einer weiteren Quelle. Danach rüsteten die Hornberger einst für ein Schießen, das als Fest begangen werden sollte. Viele Gäste luden sie ein. Aber als alles so weit war, stellte man entsetzt fest, dass man das Pulver vergessen hatte.

Schließlich die letzte Fassung, die mit dem Schießen wirklich Ernst macht. Danach musste sich Hornberg einst gegen einen Nachbarn verteidigen, wobei sich ein Häuflein besonders Halsstarriger offenbar gegen jeden Sinn bis zuletzt im Schloss hielt. Aber man schoss wohl mehr Blätter von den Bäumen ab denn Feinde, und so ging auch diesmal zu guter Letzt das Material aus, ohne ans Ziel gelangt zu sein.

Wie mit dem Hornberger Schießen ergeht es dem Erklärer von Sprichwörtern gar nicht so selten. Wer sich beispielsweise nicht *ins Bockshorn jagen* lässt, dürfte kaum angeben können, in was er da nicht geraten will, auch wenn die Belege seit dem 16. Jahrhundert in die Legion gehen. Wörtlich genommen, gibt die Wendung kaum Sinn, auch nicht, wenn der »Bock« ein Teufel (mit Horn) sein soll. Das schwäbische »Bocksställchen«, in das frühere Lehrer Kinder zur Strafe stellten, wird noch weniger in Frage kommen. Im Italienischen gibt es eine Pflanze namens *cassia*, die im Deutschen als »Bockshorn« bezeichnet wird. *Cassia* aber heißt auch »Jagd«. Gibt das etwas her? Um abzukürzen: Es sind zahlreiche weitere Deutungen versucht worden: aus dem Brauchtum (Parallele zum Osterfeuer), aus der mittelalterlichen Foltersprache (mit »Bock« als Folterinstrument), aus einem germanischen Rechtsbrauch (Einzwängen in eine Bockshaut) und aus einem Fluch (wobei *Bocks Zorn* für »Gottes Zorn« stehen soll, das dann zu *Bockshorn* verballhornt worden wäre). Für alle Deutungen aber gilt: sie treiben den Deuter ins Bockshorn.

Wer sich trotzdem weiter die Zähne ausbeißen will, möge es an folgenden Sprichwörtern beziehungsweise sprichwörtlichen Redensarten versuchen, die ebenfalls auf der Fahndungsliste der Spezialisten stehen: *Ins Gras beißen* und *in die Binsen gehen*.

Ein Köhlerglaube

Klar: Johannes Agricola, der Schüler und Mitstreiter Luthers, konnte sich unter Köhlerglaube nur den *religiösen* Glauben vorstellen. In der Religion aber gilt Einfalt als etwas Positives. So erzählt Agricola die Geschichte von einem Bischof, der sich mit einem Köhler über den Glauben unterhält und erfährt, dass dieser sich nicht auf den Papst oder auf Rom beruft, sondern auf das Evangelium. Die Reaktion des Bischofs wird nicht wiedergegeben, dafür geißelt Agricola es als »größten Gräuel der Christenheit«, den Glauben abhängig gemacht zu haben von seinen Verwaltern. Luther predige demgegenüber ausschließlich das, was in der Bibel stehe, und Agricola steht nicht an zu sagen: »des Köhlers Glauben«.

Das werden heutige Protestanten so nicht mehr ausdrücken wollen – zu sehr ist die Einfalt des Köhlers, der weitab von der Zivilisation im Wald lebte, mit Einfältigkeit verbunden. Dabei hat schon Agricola nicht erkannt, dass es beim *Köhlerglauben* überhaupt nicht um Köhler ging. »Verkohlen« ist vielmehr Rotwelsch und bedeutet »etwas Falsches sagen«, so wie »kolen« das Gegenteil ausdrückt.

Rotwelsch? Gemeint ist die Sondersprache der Nichtsesshaften, die mit Gaunern identifiziert wurden und sich eine Sprache zusammenschusterten, die bewusst (für andere) unverständlich sein sollte. Im Mittelalter hörte man in Deutschland viel Welsches, also Romanisches, das man nicht verstand, Rotwelsch war also ein ›unechtes‹ Welsch. Außer deutschem gehört romanisches Sprachgut (etwa der spanischen Soldaten

Karls V.) dazu, vor allem aber Jiddisch, die Sprache der ebenfalls ausgegrenzten Juden, die im Mittelalter deutsche Wortwurzeln mit hebräischen Komponenten (und stets hebräischen Schriftzeichen) verbanden. Aus diesem Rotwelsch aber ist einiges ins Deutsche eingedrungen, und immer wieder stellt man fest, dass es so zugeht wie beim *Köhlerglauben*: man merkt den fremden Ursprung nicht mehr. *Kohldampf schieben* ist ein gutes Beispiel. Weder spielt der »Kohl« eine Rolle noch der »Dampf«, und noch niemand wird schlau daraus geworden sein, wenn er bei der Verwendung des Ausdrucks an diese deutschen Wurzeln dachte. Im Rotwelschen aber macht das Ganze Sinn, denn *Koll* bedeutet dasselbe wie *Dampf*, nämlich »Hunger«.

Nur noch einige Beispiele nach Röhrich. Wer *Moos hat*, hat kein Moos, sondern benutzt das rotwelsche *maos* für »Geld«. Übrigens kommt dieses *maos* auch in der Redensart vor: *wissen, wo Barthel den Most holt*. Wer *sich in Schale wirft*, benutzt eine Lehnübersetzung von jiddisch *klipha*, das »Schale« bedeutet. Die *Schule schwänzen* geht auf rotwelsches »herumschludern« zurück, *schofel* auf »lumpig« und so fort. *Hals- und Beinbruch* beruht auf hebräischem *hazloche un broche*, was »Glück und Segen« bedeutet. Und wahrscheinlich meint das Sprichwort *Es zieht wie Hechtsuppe* nichts anderes als »es zieht wie ein Sturm« (nach jiddisch *hech supha*).

Viel Rotwelsch also im Deutschen, das wir immer noch ausgezeichnet ›verstehen‹. Dabei beschimpfte Wieland einst Kant mit dem Vorwurf, dieser schreibe nicht Deutsch, sondern Rotwelsch.

Mutter Natur

Es ist einer der seltenen Fälle, wo uns die großen Nachschlagewerke im Stich lassen. Röhrich gibt für *Mutter Natur* als Erstbeleg Klopstocks Ode *Zürchersee* (1750) an, Büchmann hat es gar nicht erst aufgenommen. Aber es spricht viel dafür, dass es sich um ein geflügeltes Wort handelt, das dann zum Sprichwort wurde, und zwar nach Plinius. Es gibt wenige Autoren, die mit einem Werk so die Tradition bestimmt haben wie dieser Römer mit seiner *Naturalis historia*, die meist (zu wörtlich) mit »Naturgeschichte« zitiert wird und besser »Naturkunde« hieße. Das (unvollendete) Riesenwerk umfasst 37 Bücher und behandelt von der Kosmologie über Anthropologie, Zoologie, Botanik, Medizin bis zur Mineralogie alles, was dieser sammelwütige Laie (er war von Beruf Soldat) im 1. Jahrhundert n. Chr. während seines Lebens an Zeugnissen und Beobachtungen über die Natur fand. Bis zum 18. Jahrhundert zitierte jeder Gebildete Plinius, die damals entstehende Naturwissenschaft stöhnte förmlich unter der Last dieser Autorität.

Immer wieder aber stößt man beim Lesen auf *Mutter Natur.* Sie habe alles um des Menschen willen geschaffen, heißt es lobend, und wiederholt finden sich Hymnen auf sie, die als »gütig, mild, nachsichtig, den Bedürfnissen der Sterblichen stets dienstbar« geschildert wird. Auch von der »Freigebigkeit der Natur« ist die Rede. Und dann kommt das große Rätsel. Wo Plinius vom Menschen selbst spricht, ist die Rede vom »Verlassenen« der Schöpfung. Nur er werde hilflos geboren, nackt und allen Gefahren ausgeliefert, so dass man sich fragen müsse, ob Mutter Natur nicht in diesem Fall eine »herbe Stiefmutter« sei. So etwas überliest man nicht. Auch Klopstock wird an Plinius gedacht, wird dessen eigenartig gebrochenes Lob im Ohr gehabt haben.

Gut, Plinius ist mittlerweile etwas für Spezialisten. Die in der Großstadt Berlin entstandene Redewendung *bei Mutter Grün übernachten* ist schlichter, bildungsfreier, verständlicher. Aber es gibt ja noch die Mutter*milch* im Sprichwort: *mit der Muttermilch eingesogen*. Das stammt nicht von den Berlinern und auch nicht von anderen Zivilisationsgeplagten der Moderne, sondern führt uns wieder beinahe so weit zurück in Geschichte und Bildung wie die *Mutter Natur*. Diesmal ist es Augustinus, der in seinen *Bekenntnissen* schildert, wie er vor seiner Bekehrung zum Christentum von Ciceros Philosophie begeistert war und nur noch den Namen Christi entbehrte. Den habe er freilich dank der Gnade Gottes »schon mit der Muttermilch eingesogen« – womit er auf seine Mutter Monika verweist, die (im Gegensatz zu seinem Vater) eine fromme Christin war. Ein schönes Bild, das die Karriere zum Sprichwort verdient hat. Unsere Nachbarsprachen kennen es wie wir: *sucer avec le lait*, sagen die Franzosen, *to inbibe with one's mother's milk* die Engländer.

Schnee von gestern

Ja, so kennen wir es und sagen es gedankenlos auch nach. Aber was soll am Schnee von gestern so schlimm sein? Wieso hat das Sprichwort die Bedeutung: uninteressant, vergangen, nicht mehr aktuell? Wo jeder Skifahrer nichts mehr liebt als so frisch gefallenen Schnee! Die Antwort lautet: Es ist tatsächlich etwas schiefgelaufen. Das lateinische Vorbild war *anni nives praeteriti*, Schnee vom vergangenen Jahr – und nun erklärt sich alles von selbst. Mit *dem* Schnee kann wirklich niemand mehr etwas anfangen. Unsere niederländischen Nachbarn sagen es noch genau so: *Hij praat van de sneew, die in het ander jaar viel* (Er erzählt vom Schnee, der im letzten Jahr fiel). Die Frage stellt sich natürlich: Wie kam diese merkwürdige Abwandlung zustande? Wer hat sich mit etwas so offenkundig Unsinnigem durchgesetzt? Aber die Antwort muss offen bleiben, der Täter ist unbekannt, die Opfer wehren sich nicht (oder sollte man nicht doch einmal Briefe an die Redaktionen der Medien schreiben?). Befassen wir uns stattdessen mit einem leichter zu lösenden Problem: Passiert so etwas öfter?

Durchaus! *Mit einem blauen Auge davonkommen* wäre ein Beispiel. Wer hat etwas gegen blaue Augen? Nur liegt hier der Fall klarer: Es handelt sich um eine Verkürzung. Gemeint ist ein blauer Fleck *neben* dem (oder rund ums) Auge. Sehr unangenehm, der Sichtbarkeit wegen auch noch peinlich, aber es ist nichts Ernsthaftes geschehen. Es hätte einen schlimmer treffen können, es hätte zum Beispiel *ins Auge gehen* können.

Deutlich komplizierter liegt der Fall bei *mit Hangen und Bangen. Mit Hängen und Würgen* ist klarer, benutzt auch andere Wörter, andere Bilder (vom Erhängtwerden und dem damit verbundenen Würgen). *Mit Hangen und Bangen* ist demgegenüber die Abwandlung eines geflügelten Wortes, geht zurück auf Goethes *Egmont*, wo Clärchen singt: »Freudvoll / Und leidvoll, / Gedankenvoll sein; / Langen / Und bangen / In schwebender Pein, / Himmelhoch jauchzend, / Zum Tode betrübt, / Glücklich allein / Ist die Seele, die liebt.« Wie man sieht, verwendet Goethe ein altes Sprichwort (*himmelhoch jauchzend, zum Tode betrübt*) und ahnte wohl nicht, dass er mit seiner experimentierfreudigen Sturm-und-Drang-Sprache (die das korrekte »Verlangen« ohne viele Umstände zum »Langen« verkürzt) ein neues auf den Weg brachte. Weil jedoch »langen und bangen« ohne Kontext kaum verstehbar war, ergab sich wohl in Überschneidung mit dem bekannten *mit Hängen und Würgen* das heutige, etwas verständlicher klingende *mit Hangen und Bangen*.

In dieser Art lassen sich weitere Geschichten erzählen. Eine davon sei noch aufgetischt, weil sie uns so hübsch zum Beginn zurückführt. Warum freut man sich eigentlich *wie ein Schneekönig*? In diesem Fall ist keine Nachlässigkeit im Spiel, keine Verballhornung, nur Vergessen. »Schneekönig« hieß früher der Zaunkönig. Wer ihn einmal beobachtet hat, versteht das Sprichwort sofort: So munter bewegt sich kein zweiter Vogel im Gebüsch, besonders wenn er auch noch mit einer Lautstärke singt, die man diesem Winzling nimmermehr zugetraut hätte.

Durch die Finger sehen

In Zeiten vorwiegender Mündlichkeit hatte das Wort eine feste Stütze: die Geste oder Gebärde. Dem Verstehen diente nicht nur das Ohr, sondern auch das Auge. Im Dionysos-Theater zu Athen, dem ersten Theater der Welt, saßen im 4. Jahrhundert v. Chr. 17 000 Zuschauer bzw. Zuhörer. Und schon damals bildete sich eine ganze Gestensprache aus, um das Wort zu unterstützen. Wir sind darüber gut unterrichtet dank der vielen Abbildungen auf Vasen, kennen es auch aus der Rhetorik, die die Errungenschaften der Schauspieler für die Zwecke des Redners aufnahm oder umarbeitete. Man kann sich vorstellen, wie kulturell Geformtes in den Alltag drang, auf dessen Erfordernisse gebracht wurde. Nicht viel hat sich davon in vorwiegend schriftlich gewordenen Zeiten erhalten. Das Sprichwort bewahrt noch das meiste.

Man muss es sich demnach als Geste vorstellen: *durch die Finger sehen*. Die Hand wird aufs Gesicht gelegt, aber nicht die geschlossene, sondern die gespreizte. Viel sieht man nicht, aber man sieht etwas – umrisshaft, keine Details. Agricola erläutert entsprechend: Man lässt die Dinge laufen, zum Guten oder zum Schlechten, verzichtet also auf ein Eingreifen, stellt sich so, als bekäme man nicht alles mit. Dieses ›Sich stellen als ob‹ ist wichtig, darin liegt der Unterschied zum wirklichen *Verschließen der Augen*, bei dem kein Wissen entstehen kann. Agricola bringt das Beispiel von Gott, der eine Weile *durch die Finger sieht*, die Dinge also geschehen lässt, aber dann doch eingreift und den Sünder »auf ein Mal alles zahlen«

lässt. Später dominiert eher die nachsichtigere Variante, nach der *durch die Finger zu sehen* als Tugend, als Geduld, Mitgefühl, ausgelegt wird. Schon Luther verwendet das Sprichwort so, in Goethes *Tasso* sagt Leonore zum Fürsten: »Wir wollen freundlich durch die Finger sehen.«

Sprichwörter also, die Gebärden aufnehmen, in Worte übersetzen! Wenn man einmal darauf aufmerksam geworden ist, fallen sie einem reihenweise ein. *Sich die Haare raufen*, *händeringend*, *mit dem Finger auf jemanden zeigen* kennt und gebraucht jeder. Und gerade die Finger! Die Römer benutzten sie zum Zählen, konnten mit einer einzigen (von beiden Händen gebildeten) Geste alle Zahlen bis 10 000 darstellen. Lateinisch *dicere*, »sprechen«, liegt die Wurzel *deik-* zugrunde, die »zeigen« bedeutet. In der Rhetorik von Quintilian umfasst die Fingersprache mehrere Seiten. Am Anfang einer Rede sollte man die Spitzen von Daumen und Mittelfinger aneinander legen und mit der Handfläche nach oben weisen. Eindringlicher wird es, wenn zwei Fingerspitzen beteiligt sind. Legt man den Zeigefinger auf den rechten Daumennagel, deutet dies auf Zustimmung und so fort.

Gewiss, davon ist wenig übrig geblieben, wenn da nicht das Sprichwort wäre. Zum Beispiel *jemandem die Feige weisen*, wobei der Daumen zwischen Zeige- und Mittelfinger dem Angesprochenen entgegengestreckt wird. Weiter gibt es noch den *Stinkefinger* und einiges andere, wofür jedes Gericht feste Tarife vorsieht.

Die klare Sonne wird es an den Tag bringen

Vielleicht erinnert man sich, woher man dieses Sprichwort kennt: Es ist die Überschrift zum hundertfünfzehnten der *Kinder- und Hausmärchen* von Jacob und Wilhelm Grimm, 1. Auflage 1812/15. Ein Sprichwort im Märchen – passt das zusammen? Heinz Rölleke, der beste Kenner der ›Gattung Grimm‹, hat zusammen mit Lothar Blum dem Thema ein ganzes Buch gewidmet. Allein die rund 600 Belege in den 200 Texten sprechen eine eindeutige Sprache. Aber es lässt sich noch Interessanteres berichten.

Das Beispiel von der *klaren Sonne, die die Wahrheit an den Tag bringt*, ist dabei eher untypisch. Die 1. Auflage der *Kinder- und Hausmärchen* war noch sprichwortarm und überhaupt heterogen. Was der heutige Leser als den typischen ›Märchenton‹ empfindet und mündlicher Überlieferung zuschreibt, verdankt sich in Wirklichkeit künstlicher Vereinheitlichung des ganz überwiegend schriftlichen Materials. Genau dabei aber halfen auch die Sprichwörter. Wie die Grimms glaubten, in den Märchen des ›Volkes‹ auf Ursprünglichkeit zu stoßen, so glaubten sie dasselbe im Falle der Sprichwörter. Vor allem Wilhelm war der große Experte auf diesem Gebiet. Im großen Lebenswerk der beiden Brüder, im *Deutschen Wörterbuch*, dienen gerade Sprichwörter zur Erläuterung der Sprachentwicklung. Bei einigen Einträgen finden sich ganze Sprichwörtersammlungen, und insgesamt gilt das *Deutsche Wörterbuch* als größter deutscher Sprichwörterschatz nach dem Riesenwerk des Spezialisten auf diesem Gebiet: Karl Friedrich Wilhelm Wander.

Davon aber profitierten auch die *Kinder- und Hausmärchen*. Von Auflage zu Auflage hat Wilhelm Grimm die oft spröden Texte mithilfe seiner gesammelten Sprichwörter volkstümlich gemacht, wie er es selbst in der Vorrede zur 6. Auflage von 1850 formuliert: »Fortwährend bin ich bemüht gewesen, Sprüche und eigentümliche Redensarten des Volkes, auf die ich immer horche, einzutragen.« Im *Brüder Grimm-Museum* in Kassel haben sich noch entsprechende Zettel in den alten Handexemplaren gefunden, die von ihm selbst, daneben von seinem Bruder und seiner Frau Henriette Dorothea (»Dortchen«) stammen. Das volkspädagogische Anliegen, das der Märchenedition insgesamt zugrunde lag, verband sich geradezu perfekt mit dem Geist des Sprichworts, begründete die gleiche »Popularphilosophie«, von der Wilhelm Grimm wiederum in seiner *Freidank*-Ausgabe träumte.

Und so wird man sich in vielen Fällen erinnern, sie gelesen (oder vorgelesen bekommen) zu haben. Gleich im ersten Märchen, dem *Froschkönig*, ist die Einleitung *In den alten Zeiten, wo das Wünschen noch geholfen hat* genauso 1837 nachgetragen wie die Verstärkung des Schreiens der Prinzessin durch die Wendung, *dass sich ein Stein erbarmen mochte*. Dass der Wolf mit den Geißlein *nicht langes Federlesen macht*, stammt von 1843, von den zehn Sprichwörtern in *Hänsel und Gretel* standen nur die ersten drei schon von Anfang an im Text: die Familie *hatte wenig zu beißen und zu brechen* zum Beispiel. Selbst die *dumme Gans*, wie die Hexe die arme Gretel nennt, kam erst 1850 ins Märchen.

Streit um des Kaisers Bart

Zum Ausdruck des Schmerzes gehört – biologisch fundiert – das Weinen. Aber dies hat nie genügt, der ganze Körper wurde einbezogen, das Sich-Krümmen, das Zu-Boden-Sinken, das Händeringen. Und nicht zu vergessen das Haar: *Sie rauften sich die Haare*. Im mittelalterlichen *Rolandslied*, in dessen Zentrum Karl der Große steht, der die von Spanien her das Abendland bestürmenden Heiden besiegt und nur durch Verrat einen seiner großen Gefolgsleute, eben Roland, verliert, wird die Trauer am meisten mittels der Haare ausgedrückt. Schon bei der Trennung von Roland ist Karls Klage groß, bei der Entdeckung des Toten aber reißt er sich den Bart aus, bei der Bestattung raufen sich alle die Haare. »An Haar und Bart litten sie großes Ungemach«, heißt es abschließend. Auf der Federzeichnung einer Handschrift des Heldenepos nahe der Entstehungszeit im 12. Jahrhundert ist Karl der Große dargestellt, wie er sich in den Bart greift, was als Gebärde des höchsten Zorns gedeutet wird.

Dabei ist all dies uralt, schon immer kam das Haar ins Spiel, wenn höchster Schmerz auszudrücken war. In Homers *Ilias* stehen dem Trojanerkönig Priamos die Haare zu Berge, als er auf Vermittlung der Götter die Leiche seines Sohnes Hektor bergen darf. Das Gleiche vollzieht sich in Vergils *Äneis*, in der der Titelheld mit dem alten Vater auf dem Rücken das brennende Troja verlässt und plötzlich auf den Geist seiner Ehefrau stößt, die er kurz zuvor im Gewühl zurücklassen musste: »Starr stand ich, die Haare gesträubt, mir stockte die Stimme.« Kein Wunder also, dass das Raufen wie das Zu-Berge-Stehen der Haare ins Sprichwort eingegangen ist. Nur der Bart scheint ausgenommen, jedenfalls als Schmerzgebärde. Dabei kommt er sonst in vielen Varianten vor: *Jemanden um den Bart gehen* als Schmeichelei, *sich keinen (grauen) Bart wachsen lassen*, wenn man ausdrücken will, dass man sich nicht ärgern solle, natürlich auch *das Streiten beim Bart*, das im Mittelalter in dieser schlichten Form gängig war und später zum *Streiten um den Bart des Propheten* wurde, seit man die *Märchen von 1001 Nacht* kannte.

Und zuletzt der *Streit um des Kaisers Bart*? Welchen Kaiser, hat man gefragt, und auf Karl den Großen getippt, weil man glaubte, es sei unklar, ob der nun einen Bart gehabt habe oder nicht. Welch ein Unsinn, auch wenn das *Rolandslied* samt Federzeichnung knappe 400 Jahre nach Karls Tod kam! Die Lösung stand 1894 in einem lateinischen Lexikon und wurde 1911 in einem kleinen Artikel veröffentlicht. Zugrunde liegt das auf ein Horaz-Gedicht zurückgehende *um den Ziegenbart streiten* (*de lana caprina rixari*), und zwar, ob es sich um Haare oder Wolle handle. Wenn man den Ziegenbart durch den Geißenbart ersetzt und dabei etwas schwäbelt, hat man die Lösung: Der Streit um des Kaisers Bart war der Streit um den Geißenbart – eine schlichte Verballhornung durch irgendwelche Preußen vermutlich. Wer's nicht glaubt, soll sagen, warum das Sprichwort im Italienischen (*disputar della lana caprina*) und Englischen (*to contend about a goats wool*) immer noch den Ziegen- und nicht den Kaiserbart bewahrt.

Wenn es regnet und gleichzeitig die Sonne scheint …

Es ist sicherlich das ungewöhnlichste Buch zum Sprichwort überhaupt. 420 Seiten zu einem einzigen Beispiel, wobei das Material in unglaublicher internationaler Kooperation (aufgrund von Umfragen in den Fachzeitschriften) aus der ganzen Welt zusammenkam. Zum Schluss lagen dem Initiator des Unternehmens, Matti Kuusi aus Helsinki, in 97 Sprachen rund 3000 Varianten von Redensarten vor, die sich auf eine seltene Naturerscheinung beziehen: *Wenn es regnet und gleichzeitig die Sonne scheint, heiratet der Teufel seine Tochter.* Oder *ist in der Hölle Kirmes* und so fort. Natürlich wird rasch deutlich, dass es ein Grundmuster gibt: Wenn X und Y, dann tut A B. Für A fand Kuusi unter anderem Fuchs, Wölfin, Tote, Gott, Teufel, für B unter anderem Hochzeit, Fest/Kirmes, Tod, prügeln, scheißen. Und dann die entscheidenden Fragen: Hängt das alles miteinander zusammen? Gibt es einen Ursprung? Wie verläuft die Verzweigung? Nehmen wir die Antwort vorweg, die am Ende nach sehr spannenden Erörterungen des Für und Wider gegeben wird: Der Ursprung ist Indien, der Weg ging teils in den Osten (nach China, Japan), teils in den Westen (nach Afrika, Europa). Polygenese, also unabhängigen Ursprung, gab es auch, aber im Wesentlichen handelt es sich um Monogenese, also Abstammung.

Bei der ersten Deutung der Varianten geht Kuusi von einem methodischen Grundsatz aus, der bei der vergleichenden Märchenforschung entwickelt wurde: Der erstaunlichen Gleichheit bestimmter Motive steht eine ebenso erstaunliche Verschiedenheit der Varianten gegenüber (von denen man sich nicht verblüffen lassen darf). Regen bei Sonnenschein stellt den weltweit verbreiteten festen Punkt dar. Dass der Fuchs Hochzeit feiert, sagen Japaner, Brasilianer und Finnen, während in der Türkei, Mexiko und Estland die Wölfin gebiert, auf den Philippinen, in China und Rumänien der Teufel prügelt und so fort. Warum diese verschiedenen Varianten? Antwort: Schuld ist der Wechsel von Interesse, Milieu, Tradition. Der spanische Weinbauer fürchtet anderes als ein türkischer Schafhirt. Das wahre Durcheinander beginnt ohnehin erst mit den (verschiedenen) Sprachen, die ›Dinge‹ ins Spiel bringen, die sich dem Reim (oder auch der Alliteration) verdanken. Die flämische *kirmes in de hel* (Kirmes in der Hölle) passt einfach klanglich zu *regen fel* (fällt Regen).

Aber jetzt die Frage aller Fragen: Was liegt dieser Variation zugrunde, wenn etwas zugrunde liegt? Die Antwort ergibt sich aus der Dominanz der Motive. Und die liegt bei der Ungewöhnlichkeit einer Hochzeit (des Fuchses oder von Toten), die offenbar der Ungewöhnlichkeit der Naturerscheinung entspricht. Der rote (feuerfarbene) Fuchs aber war im alten Indien mit dem Totenreich verbunden, hier wurde der Sonnenregen als Sperma eines himmlischen Gottes (in Fuchsgestalt) gedeutet. Dem Wunsch, das Ungewöhnliche (des Sonnenregens) zu erklären, hätte sich also in einen Mythos gekleidet, der dann um die Welt ging – bis er in Kinderreimen ankam, die niemand mehr ›verstand‹, so dass auch die Mäuse Hochzeit feiern durften. Und wenn die Finnen die Teufel ›scheißen‹ lassen? Ganz einfach: scheißen (»sataa«) reimt sich auf den Regen (»lataa«)!

Karten sind ein Satan

Endlos ist die Reihe der Stimmen, die im Sprichwort den Nationalcharakter eines Volkes erkennen zu können glauben. Um nur Francis Bacon herauszugreifen: »Der Genius, Geist und Verstand einer Nation ist in ihren Sprichwörtern enthalten.« Aber es gibt auch ernsthaften Widerspruch. Der große Kenner der Materie im 20. Jahrhundert, Friedrich Seiler, warnt vor dieser Art von Illusion. Zu grenzüberschreitend, zu abhängig von (schon antiker) Tradition, lauten die wichtigsten Argumente. Aber es scheint eine Ausnahme zu geben: das jüdische Sprichwort. Gerade die Bewährung im Alltag unterschied sich stets so radikal von der aller anderen Völker, dass auch die Sprichwörter anders klingen. Was ein Ignaz Bernstein 1908 vorlegte und seither von neueren Anthologien ausgewertet und ergänzt wurde, zeigt es wenigstens in einigen wesentlichen Bereichen: In den jüdischen Sprichwörtern spiegeln sich die jahrhundertelange Ausgrenzung, das Exil und die Verfolgung, schlägt sich eine Bitterkeit der Weltbetrachtung nieder, gepaart mit einem Witz, der auch erbarmungslose Selbstkritik einschließt, wie es schon das Alte Testament kennt.

Weh dem, der im Recht ist: Das ist ein Grundthema, zu dem es eine noch typischere Variante gibt: *Wenn ein Jude im Recht ist, bekommt er erst recht Schläge*. Im Paradox wird inhaltlich das Schicksal beklagt, aber intellektuell auch ›bewältigt‹. Leiden ja, nur eben nicht ohne ›überlegenen‹ Kommentar. Eher selten die bloße Klage: *Das Meer ohne Grund und jüdische Leiden ohne Ufer*, heißt es, oder auch: *Der Jude lässt kein*

Unglück aus. Häufiger aber dieser unnachahmliche Schlenker, der in den Witz mündet: *Was erben Juden? Not und Hämorrhoiden*. Und vielleicht noch typischer der Einschuss von Selbstkritik: *Gott soll mich vor goischen* [nicht-jüdischen, christlichen] *Händen und jüdischen Ratschlägen bewahren*.

Witz, Intellektualität, Bildung als Gegenwehr demnach, als seelische Bestärkung im allgegenwärtigen Leid, wozu nicht nur die Verfolgung gehörte. In den Rückzugsgebieten im östlichen Europa, wo seit dem 13. Jahrhundert die große Mehrzahl der Juden lebte, herrschte bittere Armut, lebten viele Bettler, die mit ihrer jiddischen Bezeichnung in den deutschen Wortschatz geraten sind: die Schnorrer. Auch in diesem Fall aber gibt es die ›überlegenen‹ Kommentare: *Ein Bettler ist die beste Bewachung*, heißt es ironisch, und nicht ohne Sarkasmus: *Ein Dünner überlebt zehn Fette*. Auch sonst zeugt das jüdische Sprichwort von der Art eines Überlebenskampfes, in dem der Geist stets die Oberhand bewahrt: *Man soll nicht beten, dass das Leid ein Ende nehme. Denn wenn das Leid aufhört, hört auch das Leben auf*, liest man, oder: *Hauptsache gesund! Das Leben kann man sich allein nehmen*.

Einen Sonderfall aber gibt es noch, den man ohne Kommentar nie und nimmer verstehen würde: *Karten sind ein Satan* beispielsweise, womit oberflächlich gesehen durchaus eine Verurteilung des Kartenspiels gemeint ist. Nur liegt in diesem Fall die kabbalistische Lehre zugrunde, wonach der Zahlwert der Buchstaben von Wörtern ›Sinn‹ erzeugt. Der Zahlwert des jiddischen Wortes ›kurten‹ aber ist derselbe wie im Falle von ›satan‹, nämlich dreihundertneunundfünfzig.

Medias in res

Das imponiert: ein Sprichwort oder eine sprichwörtliche Redensart auf Latein! Einige davon sind durchaus noch im Umlauf und sollen Bildung signalisieren. *Medias in res* zum Beispiel, meist verstanden als Aufforderung, endlich zum Wichtigen zu kommen. Aber dies entspricht keineswegs dem ursprünglichen Sinn der Wendung. Sie will das Gegenteil besagen von dem etwas weniger gebräuchlichen *ab ovo*, vom Ei an. Beides sind rhetorische Grundsätze, die Horaz in seiner *Poetik* überliefert und erläutert. Homer habe es ganz richtig gemacht, heißt es dort, als er die *Ilias* nicht mit dem Ei begonnen habe, das Leda nach ihrer Begattung durch Zeus (in seiner ›Verkleidung‹ als Schwan) ausgebrütet habe und aus dem jene Helena schlüpfte, deren Raub durch den Trojanerkönig dann zur Kriegsursache für die beleidigten Griechen wurde. Nein, er habe die Geschichte mit Recht *medias in res*, mittendrin im Geschehen, anfangen lassen. Nachträgliche Erklärungen vorausgesetzt, sei dies viel spannender.

Was Horaz nicht wissen konnte: Die Sache mit dem Ei gehört ins Kapitel Tierleben im Sprichwort und birgt aus heutiger Sicht eine Merkwürdigkeit. Ob es nun daran liegt, dass Tiere eigentlich in die Fabel gehören, die in der Antike ja durchaus neben dem Sprichwort blühte (mit dem griechischen Äsop und dem römischen Phädrus) – im antiken Sprichwort kommen Tiere nicht so häufig vor wie in späteren Zeiten. Wo deutsche Sprichwörter mit Tieren ›arbeiten‹, tun es die lateinischen oft nicht, wie ein Beobachter im 19. Jahrhundert erstaunt feststellte. Für *hic haeret aqua* (da staut sich das Wasser) oder *hinc illae lacrimae* (von daher nur noch Tränen) sagen wir *Er steht wie ein Ochs vorm Berg* und *Da liegt der Hund begraben.* Unserm schönen *Es kräht kein Hahn danach* gehe ein plattes *nemo curabit* (niemand sorgt sich darum) voraus. Und für das harmlose *Streife den Scheffel nicht ab, welcher für dich leer ist* (aus Theokrits Idyllen) hätten wir das ungleich kräftigere *sich nicht um ungelegte Eier kümmern.*

Aber ob die Belege so stimmen? *Aus einer Mücke einen Elefanten machen*, das Ciceros *arcem ex cloaca* (eine Burg aus einem Schmutzhaufen machen) paraphrasieren soll, hat schon der spätantike Lukian in seinem *Lob der Fliege* erfunden. Und für einige weitere gute Bekannte aus heutiger Zeit gibt es ebenfalls klassische Belege: *Eulen nach Athen tragen*, *Stumm wie ein Fisch*, *Eine Schlange am Busen nähren*, *Dem geschenkten Gaul guckt man nicht ins Maul.* Wenn schließlich vom Ei und dem Schwan die Rede war: Der *Schwanengesang* steht ebenfalls schon in griechischen Sprichwörtersammlungen und wird sogar von modernen Zoologen in dem Punkt bestätigt, dass Schwäne tatsächlich singen können. Nur gibt es drei Sorten, die alle singen, auch wenn nur eine davon den Namen hat: die Singschwäne (mit ihrem »anghö« im Gegensatz zum Tuten des Zwergschwans und Trompeten, Schnarchen, Zischen des Höckerschwans). Allerdings tun wiederum alle dies regelmäßig und nicht, wie es das Sprichwort will, lediglich kurz vor ihrem Tod.

Different strokes for different folks

Amerika ist wirklich ein guter Test bei der Frage, ob auch heute noch Sprichwörter entstehen. Eine moderne, von Hochtechnologie und Massenmedien geprägte Gesellschaft mit Wurzeln nicht nur in einer Kultur, sondern in beinahe allen: Kann da etwas wachsen, sich erhalten oder muss es in der totalen Konkurrenz untergehen? Wolfgang Mieder, selbst in Vermont (USA) lebend, hat unter seinen zahlreichen Büchern zum Sprichwort die eben gestellte Frage klar beantwortet – es gibt Neuerungen.

Zunächst: Alle älteren Untersuchungen zeigen, dass das Sprichwort in Amerika ganz überwiegend auf Import beruht. In einer Umfrage von 1931/32 waren 95 % der bekannten Sprichwörter alt und überwiegend in England belegbar. Nur 5 % schienen amerikanischen Ursprungs, z. B. *paddle your own canoe* (sein eigenes Kanu paddeln). Mieder selbst bietet eine umfangreiche Liste von vermutlichen Amerikanismen, unter denen sich fünf aufs Geld(verdienen) beziehen, etwa *make money honestly if you can, but make money!* (Verdiene Geld ehrenvoll, wenn du kannst, aber verdiene Geld!)

Interessant sind die Sprichwörter, die einzelnen Gruppen von Immigranten zugeordnet werden können. Es gibt im Amerikanischen chinesische Sprichwörter, irische, italienische, jüdische, mexikanische, russische und deutsche. Unter diesen deutschen übrigens besonders solche im sogenannten *Pennsylvania Dutch* (Pennsylvaniadeutsch oder Pennsilfaanisch), einem Mundartengemisch, das auf Einwanderer aus der Pfalz, Schwaben sowie fränkisch-bayrischen Regionen zurückgeht. Am bekanntesten wurde *D'r abbel rollt net weit fum schtamm*, was im Englischen etwas kläglich klingt: *The apple will not roll far away from its tree.*

Aber man will ja wissen, ob es Neuerfindungen gibt. Dafür bietet Mieder zwei Beispiele, die sehr schön verdeutlichen, dass sich am Prinzip des Erfindens auch in Amerika eigentlich nichts geändert hat, wohl aber an den Mechanismen der Verbreitung (und nicht zuletzt an deren Tempo). Das erste Beispiel ist *It takes two to Tango* (Zum Tango braucht man zwei). In diesem Fall gibt es ein dreihundert Jahre altes Vorbild: *It takes two to quarrel* (Zum Streiten braucht man zwei). Al Hoffman baute die Variante 1952 in den gleichlautenden Song ein, der ein Hit wurde – womit das Schicksal besiegelt war.

Noch viel spektakulärer verlief dies im Falle eines Songs von Sly and the Family Stone mit dem Titel *Everyday people* (1968). Diesmal war es nicht der Titel, der sprichwörtlich wurde, sondern eine im Song dreimal wiederholte Zeile nach Aussagen wie der, dass es Dicke und Dünne, Langhaarige und Kurzhaarige gibt, ohne dass das einen wirklichen Unterschied macht: *Different strokes for different folks.* Mieder vermutet die Entstehung bei Afroamerikanern in den Südstaaten während der 50er Jahre. Dort traf jemand den Kern des amerikanischen Lebensgefühls: nicht das alte, bildungsbewusste, auf Latein (*suum cuique*) zurückgehende *Jedem das Seine*, sondern dieser eigenartig slanghaft-unpräzise, garantiert bildungsfreie ›Spruch‹: *Verschiedene Dinge (oder Wege oder Gedanken) für verschiedene Leute.*

Konserviertes Brauchtum

Einen Korb bekommen

Man würde es vielleicht nicht glauben, wenn es nicht die passenden Abbildungen gäbe, zum Beispiel auf dem berühmten Sprichwörterbild von Pieter Brueghel von 1559. Dort wird jemand in einem Korb aufs Dach eines Hauses gezogen, aber der Boden des Korbes ist gerade herausgebrochen und die Jammergestalt hängt schon mit ihrem Hinterteil in der Luft, wird jeden Augenblick gänzlich durchfallen (die Abbildung ist diesem Kapitel vorangestellt). Ein Mädchen, das einen Heiratsantrag ablehnte, konnte sich so verständlich machen: Es ließ den präparierten Korb hinunter, worauf das Unheil seinen Lauf nahm und der Freier ›begriff‹. Der Brauch soll im Mittelalter aufgekommen sein, wobei es sich allerdings um das sehr späte gehandelt haben muss, denn die Entscheidung zur Ehe wurde zuvor nicht aufgrund von Liebe, sondern nach wirtschaftlichen Abwägungen getroffen. Und nicht die Frau, sondern ihre Familie mit dem Mundwart (dem Vater beziehungsweise ersatzweise dem Onkel oder Bruder) entschied beziehungsweise ›bevormundete‹ die Frau.

Aber das Sprichwort hält die handgreifliche Form der Emanzipation wenigstens als Ausnahme fest und passt gut zu weiteren Körben, die damals im Gebrauch waren. So konnte man *jemanden im Korb hängen lassen*. Und wieder erläutern Bilder das Gemeinte. Röhrich zeigt in seinem *Lexikon* eines vom sogenannten Malteserteppich von 1310/20, auf dem ›Weiberlisten‹ festgehalten sind. Auch Schwänke haben sich erhalten, in denen der große antike Dichter Vergil von der Tochter des Kaisers nach der vermeintlichen Aussicht auf ein Liebesabenteuer auf diese Weise lächerlich gemacht wird. Ob Hängen oder Fallen: In Resten ist beides bis heute erhalten geblieben. Jeder weiß, was es heißt, wenn man *jemanden hängen lässt*. Und *durchs Examen fallen* dürfte ebenso bekannt sein wie die *bodenlose Gemeinheit*.

Weil die Frauen in diesen seltenen Fällen einmal als durchaus überlegene Aktricen (und nicht immer als gnadenlos Betroffene) vorkommen, mag auch noch eine weitere sprichwörtliche Redensart herangezogen werden, die dazu passt: *jemanden abspeisen*. Wieder geht es dabei um Brautwerbung und wieder um Verweigerung. Der Werbende holte sich sein Urteil bei einem Essen in der Familie der Braut ab und wusste ganz genau, was mit dem ›Aufgetischten‹ gemeint war. In Deutschland bedeutete meist Käse (im Gegensatz zu Schinken) das bittere Aus, in Frankreich waren es gekochte Eier. Eine andere Redensart besagt freilich, dass es Männer mit guten Nerven gab – sie *ließen sich nicht abspeisen*.

Und was hat es auf sich mit *jemanden abblitzen lassen*, das ja auch bei der Abweisung von Werbern gebräuchlich ist? Hier liegt das Bild vom Zünden des Pulvers auf der Gewehrpfanne zugrunde, ohne dass der Schuss losgeht. Auf das Schnelle, Schroffe ist abgehoben, das auch mit dem Verpuffen verbunden ist. Diesmal also kein Brauch, schon gar kein mittelalterlicher. Die noch reichlich untauglichen Gewehre des frühen 19. Jahrhunderts sind es, die bei diesem Sprichwort Pate stehen.

Etwas läuten hören

Es gibt nicht viele Beispiele, an denen sich so gut zeigen lässt, wie Bilder aus kulturellen Gründen verblassen können. *Ich habe etwas läuten gehört*: ich habe etwas vage vernommen. Da war etwas, aber nichts Genaues. Wie kommen die Glocken ins Spiel?

Alain Corbin, ein französischer Historiker, der sich mit der Geschichte von Mentalitäten befasst, hat es in einem Buch mit dem Titel beschrieben: *Die Sprache der Glocken* (Frankfurt a. M. 1995; frz. Original 1994). Dabei liegt die Auswertung von 10 000 Glockenprozessen zugrunde, im Wesentlichen zwischen 1791 und 1794. Nach der Revolution wollten die Sieger Frankreich radikal säkularisieren. Dies bezog sich auch auf das Läuten. Die Glocken (als ›Sprache‹ der Kirche) sollten durch (weltliche) Trommeln ersetzt werden. Weniger das Einschmelzen für Kanonen spielte eine Rolle, es ging vielmehr um Beseitigung einer Identität, die auf den gewohnten Klängen beruhte. Aber es setzte ein beispielloser Widerstand ein. 1802 mussten die Revolutionäre nachgeben, wollten sie nicht jeden Rückhalt im Volk verlieren. Am Ostersonntag läuteten damals zuerst in Notre-Dame wieder die Glocken, dann setzte ganz Paris ein.

Weshalb dieser Widerstand? Die Glocken definierten einmal Zugehörigkeit, verbanden Menschen miteinander. Es beginnt mit der Einteilung des Tages, mit Aufstehen, Mittag-Halten, mit dem Zu-Bett-Gehen. Nach modernem Verständnis waren die Zeiten unregelmäßig, ungenau, richteten sich nach der Tageslänge im Jahresablauf. Aber sie galten für alle gleich, hielten den Wohnort zusammen, sodass sich niemand außerhalb der Hörweite ansiedelte. Und nicht nur die Zeiteinteilung war betroffen. Geburt und Tod hörte man ›läuten‹, sogar in sozialer Abstufung. Bei der Geburt wurden Jungen mit mehr Schlägen bedacht als Mädchen, bei einem Verstorbenen konnte man Kinder und Erwachsene auseinander halten, bei Kindern sogar Getaufte und Ungetaufte.

Möglich machte dies ein mehrfaches (mindestens dreifaches) Geläut, das selbst kleinste Dörfer anstrebten und dazu führte, dass man gelegentlich aus einer großen drei kleine Glocken gießen ließ. Darüber hinaus konnte man schwingend läuten, die Glocke also ›durchziehen‹, oder von außen im Ruhezustand ›anschlagen‹, all dies wiederum mit normalem (eisernem) Klöppel beziehungsweise Hammer oder mit einem durch Leder gedämpften. Mehr als hundert Signale ließen sich auf diese Weise unterscheiden, wobei zu den Mitteilungen die Aufrufe kamen. Selbst die Müllbeseitigung hatte ihr Zeichen, vom berüchtigten Aufwiegeln (per Anschlag in kürzester Frequenz) bei Feuer oder Krieg zu schweigen.

Ich habe es läuten gehört sagen wir also immer noch und verbinden damit eine Vagheit, die so nie gegeben war. *Ich würde es nicht an die große Glocke hängen* kommt der früheren Realität schon näher. Aber ach, was sind das für Zeiten, wo heute Prozesse geführt werden, um sonntags ausschlafen zu können.

Durch die Lappen gehen

Wer die heutige Berufswelt mit der vor hundert, zweihundert und noch mehr Jahren vergleicht, wird sich wundern, dass wir noch Sprichwörter verwenden und auch verstehen, deren Sachhintergrund zuweilen bis auf den letzten Rest verschwunden ist. Aus dem Bereich der Jagd gebrauchen wir *durch die Lappen gehen* und haben wohl auch einmal im Fernsehen die Lappen gesehen, die Jäger als Absperrung bei Treibjagden aufspannen. *Ins Garn gehen* ist da ebenso wie *auf den Leim gehen* schon etwas schwieriger, weil die Vogelstellerei mit feinen Netzen und tückischen Leimruten bei uns zum Glück verpönt ist.

Aber dann kommen ja erst die Berufe, die selbst vom Fernseher verschwunden sind. Nehmen wir die Weberei. Hier wurden bei Garnstoffen die abstehenden Fasern durch Bürsten gleichmäßig in eine Richtung, den Strich, gelegt. Und das Garn selbst, der Faden, musste ebenfalls aus gleichmäßig versponnenen Fasern bestehen. Wenn ein Meister einen fertigen Stoff prüfte, untersuchte er ihn also *nach Strich und Faden*, ehe er ihn für gut befand. Überhaupt wird man beim Faden fündig. Über den *roten Faden* informiert als einer der Ersten ausgerechnet Goethe, und zwar in den *Wahlverwandtschaften*. Es handelt sich um einen dünnen Faden, der nicht herauslösbar in alle Taue der englischen Marine versponnen war und damit den königlichen Besitz anzeigte. Viel schwieriger demgegenüber die eigenartige Wendung: *Da beißt keine Maus den Faden ab*. In diesem Fall muss man wissen, dass nach dem Gertrudentag (17. März) die Winterarbeit eingestellt und die Sommerarbeit begonnen wurde. Spann jemand über das Datum hinaus, so sollte das Ergebnis angeblich von den Mäusen gefressen werden.

Noch spezialisierter als die Weberei ist die Färberei, die die mittelalterlichen und frühneuzeitlichen Städte mit ihrem Gestank verpestete. Eine große Rolle spielte die Blaufärberei mit Indigo (dem deutschen Waid), dem wichtigsten (weil billigsten) pflanzlichen Farbstoff überhaupt. In Schwefelsäure aufgelöst, erscheint zuerst die grüne, dann die blaue Färbung, ein Oxydationsprozess, den man durch Schlagen des Tuchs (mit entsprechender Sauerstoffzufuhr) befördern konnte. *Grün und blau schlagen*, seit 1618 belegt, geht offenbar darauf zurück und passt gut zu den blutunterlaufenen Flecken der Haut, die ebenfalls in diesen Tönen schimmern. Möglicherweise hängt damit auch der *blaue Montag* zusammen. Ob nun die Färber ihre Stoffe sonntags einfärbten und montags zum Trocknen aushängten oder ob die Gesellen sonntags zum Biertrinken angehalten wurden, um an den für den pH-Wert nötigen Urin zu kommen – am Montag wurde *blau gemacht*.

Weniger rätselhaft, aber ebenfalls fremd geworden sind weitere Sprichwörter aus dem Bereich des Handwerks: Bei *jemanden durch die Hechel ziehen* oder etwas einfacher: *jemanden durchhecheln* liegt das Bild der Hechel zugrunde, eine Art Bürste mit lauter Drahtspitzen, durch die der Flachs gezogen wurde, um den Faden vom Werg zu trennen. *Einen Fehler ausmerzen* geht schließlich auf die Aussonderung von zu schwachen oder sonst wie für die Aufzucht ungeeigneten Schafen zurück, die im März vorgenommen wurde.

Denken wie Goldschmieds Junge

Auch das Mittelalter kannte schon eine Art von Soziologie. So hat man sich die verschiedenen Berufe an den Figuren des Schachspiels klar gemacht. Man braucht sie alle, den König wie den Bauern, jeder ist von jedem abhängig, war die Lehre, die derjenige leichter glauben konnte, der eine *wichtige* ›Figur‹ spielte. Der Bauer beispielsweise wurde immer gnadenlos an den Rand der Gesellschaft geschoben: *Er benimmt sich wie ein Bauer*, hieß es verächtlich, auch *auf Bauernfang ausgehen*. Und man weiß ja, worin die eigentliche Härte solcher Verurteilung lag. In der Ständeordnung musste jeder bleiben, was er war. Der Bauer, der sich dagegen wehrte, fiel tief – es gibt die entsprechenden Lehrstücke in der Literatur dazu.

Ausgerechnet der Bauer, von dessen Arbeit alle am meisten abhingen, war also der verachtetste Beruf, aber es traf auch viele Handwerker. Bei den Schneidern beispielsweise spricht der Hohn auf die schmächtigen Burschen aus dem *Frieren wie ein Schneider*. Dass er *mit der heißen Nadel genäht* hat, wirft ihm außerdem Eile und damit Pfusch vor. *Dem Schneider ist viel unter den Tisch gefallen* verweist sogar auf direkten Betrug. Und das berühmte *Herein, wenn's kein Schneider ist* zielt auch noch darauf, dass es eigentlich unter der Würde eines ›anständigen‹ Bürgers ist, einen solchen Handwerker zu bezahlen. Da hat es der ebenfalls gering geachtete Scheunendrescher schon besser, wenn er wenigstens für etwas gerügt wird, was ihm gut tut: *Fressen wie ein Scheunendrescher*.

Wohin man schaut, belegt das Sprichwort Unzufriedenheit mit denjenigen, auf die man angewiesen war und von denen man sich übervorteilt sah. Von Glück konnten noch die reden, auf die nur der Spott fiel wie auf die Vorläufer der heutigen Zahnärzte, die noch ganz unstudiert an ihr Handwerk gingen. Sie machten sich unbeliebt durch die Art, wie sie ihr Handwerk zum Beispiel auf den Märkten anpriesen: *Schreien wie ein Zahnbrecher*.

Gibt es denn nirgends Lob und Anerkennung, wenigstens insgeheim? Der Goldschmied ist die Ausnahme, genauer: sein Lehrjunge. Dies bezeugt die Anekdote, wonach ein Bauer einem Goldschmied Silber verkaufen wollte. Weil er im Laden so laut sprach, machte sich der Lehrjunge den Spaß, seinem Herrn zu sagen, der Bauer sei schwerhörig. Als der Goldschmied nun ebenfalls laut sprach, ergab sich ein Spektakel, bei dem die Nachbarschaft zusammenlief. Als sich alles als Streich herausstellte, wollte der Meister seinen Lehrjungen verprügeln. Aber der machte sich davon. Eben: *Er dachte wie Goldschmieds Junge*, was heute bedeutet, dass jemand einem den Buckel 'runterrutschen kann – wenn nicht gar ein Ersatz für das Götz-Zitat gemeint ist.

Etwas im Schilde führen

Die ritterliche Kultur der Stauferzeit erzeugte schon im Spätmittelalter nostalgische Gefühle. Minnelieder wurden von Bürgern gesammelt (in der Manesse-Handschrift), große Herren ließen sich ihre Burgen mit Romanmotiven ausmalen (in Runkelstein bei Bozen). Und wieder einmal erweist sich das Sprichwort als Bewahrer der vergangenen Kultur.

Etwas im Schilde führen zeugt davon. Der Schild ist die Defensivwaffe des Ritters, soll Hieb und Stich abwehren. Die lederbezogene Holzfläche aber bot sich an für entsprechende Ausgestaltung. Das älteste erhaltene Beispiel, der Seedorfer Schild (aus dem Kloster Seedorf am Vierwaldstättersee), zeigt das Wappen der Herren von Brienz, einen silbernen Löwen im blauen Feld. Wappen machten kenntlich, man achtete darauf, was wer *im Schilde führte*, weil man auf diese Weise schon in größerer Entfernung Freund und Feind unterscheiden konnte. Übrigens berücksichtigte man bei der farblichen Gestaltung, dass sich die Farben gut voneinander abhoben, setzte Metallfarben (Silber, Gold) neben die sonstigen (rot, grün, blau), was sich bis heute in den europäischen Nationalflaggen erhalten hat. Das Grün-Weiß-Rot der Italiener bezeugt es ebenso wie das Blau-Weiß-Rot der Franzosen, während wir Deutsche uns mit dem Schwarz-Rot-Gold eine Ausnahme (oder war es gar eine bewusste Abweichung?) geleistet haben.

Der Schild gehört zu den Waffen, den Körper bedeckte der Harnisch, das Panzerhemd aus eisernen Ringen, das zu jedem Kampf angezogen wurde – *je-*

manden in Harnisch bringen versteht sich damit von selbst. Wenn man die glänzende Rüstung eines Karls V. im Gemälde von Tizian vor Augen hat, wird man darüber hinweggetäuscht, wie steif, schwer, unangenehm ein Harnisch aus dem 12., 13. Jahrhundert war. Er musste kräftig ausgepolstert werden, um das Tragen zu ermöglichen, außerdem gab es noch Eisenplatten unter den Ketten, die die Brustpartie besser schützten. Wer mit einem solchen Harnisch vom Pferd gestoßen oder gekippt wurde, blieb hilflos liegen. Rettung war nur noch möglich, wenn jemand dem Besiegten *die Stange hielt*, also mit einer Eisenstange weitere Schläge verhinderte. In den Rechtsbüchern der Zeit, im *Sachsen-* wie im *Schwabenspiegel* ist diese Institution ausdrücklich berücksichtigt.

Aber nicht nur Rüstung und Waffen der Ritter leben im Sprichwort weiter, auch die Mode der damaligen Zeit. *Auf großem Fuße leben* spielt auf die Schnabelschuhe an, die im Mittelalter aufkamen und immer groteskere Formen annahmen. Die päpstliche Kurie griff mehrfach ein, weil ein Niederknien unmöglich geworden war. Dabei achteten die Ritter selbst auf eine ständische Abstufung der Länge. Zwischen sechs und vierundzwanzig Zoll variierte das Maß, ein französischer Prinz soll im 14. Jahrhundert einen Schuh von zweieinhalb Fuß, also etwa 80 Zentimeter Länge getragen haben. Bürger wurden auf einen Fuß beschränkt, was bei normalen Menschen den Schnabel auf eine Andeutung reduziert. Nur wurden im Spätmittelalter die Ritter immer ärmer und auf wirklich großem Fuß bewegten sich nun die schnabellosen Bürger.

Etwas auf die Spitze treiben

Mit wie viel Bewunderung schauen wir zurück auf die Zeiten der Ritter! Dabei haben sie uns etwas hinterlassen, was uns eigentlich peinlich sein müsste, wenn wir es denn verstünden. Unsere moderne, zivile, im Allgemeinen friedliche Kommunikation strotzt förmlich von Sprichwörtern und Redensarten mit klar militärischem Hintergrund – bei mittelalterlichem Waffenstandard, versteht sich. A. J. Storfer, der den Schicksalen unserer Wörter nachgegangen ist, zählt sie scharenweise auf. Wenn beispielsweise ein heutiger Manager es *mit einem anderen aufnimmt*, liegt die Vorstellung zugrunde, dass es eben die Schwerter sind, die aufgenommen wurden. *Mit jemandem anbinden* geht darauf zurück, dass die Klingen vor dem Kampf kreuzweise übereinander gelegt, das heißt angebunden wurden, besser bekannt in: *die Klingen kreuzen* (was also nicht auf das Fechten selbst anspielt).

Und dann geht es erst richtig los: *Ins Visier* [des Helms] *nehmen, mit offenem Visier kämpfen, jemanden in die Schranken* [auf dem Turnierplatz] *fordern* oder *weisen*, ihm *Schranken ziehen* oder *setzen, den Fehdehandschuh hinwerfen, das Feld räumen, festen Fuß fassen, über den Haufen rennen, jemanden übers Ohr hauen, eine Scharte* [eine Beschädigung des Schwertes] *auswetzen, sich eine Blöße geben, das Heft* [der Klinge] *ergreifen* oder *es fest in der Hand haben* beziehungsweise *aus der Hand geben, den Spieß umdrehen, mit jemandem eine Lanze brechen* oder *für jemanden eine Lanze einlegen*, [das Schwert] *vom Leder ziehen*, jemandem *in die Parade fahren* oder *auf den*

Leib rücken, sich wappnen [sich bewaffnen], *seine Ansicht verfechten, sattelfest* oder *hieb- und stichfest sein, jemanden* [beim Reiterkampf mit der Lanze] *ausstechen*, sogar das harmlose *schlagfertig sein* – wir sind die reinsten Kampfmaschinen.

Und selbst diese Beispiele reichen nicht. Allein mit der Spitze des Schwertes kann man eine eigene Reihe anlegen. *Etwas auf die Spitze treiben, jemandem die Spitze bieten*, auch das bloße *spitz antworten* gehört dazu. Wenn etwas *auf Spitz und Knopf steht*, ist die Rede davon, dass jemand mit (offensiver) Degenspitze und (defensivem) Degenknauf zugleich, also ganz besonders wild, kämpft. Etwas seltsam wirkt all dem gegenüber das klassische *sich entrüsten*. Irgendwie klingt es defensiv – wer *sich entrüstet*, zieht ja seine Rüstung aus. Zugrunde liegt jedoch die Vorstellung, dass mit dem ›Entrüsten‹ ein Entwaffnen verbunden ist – wer sich entrüstet, ist also ›aus der Fassung‹ gebracht.

Nach diesen Belegen für offenbar allgegenwärtige Aggression möchte man sich an andere Sprachen halten, aber es wird nicht besser. Auch das aus dem Lateinischen stammende und harmloser erscheinende *Sand in die Augen streuen* (*pulverem ad oculos aspergere*) war ein Kniff römischer Gladiatoren, mit dem der Gegner geblendet wurde, um ihn dann umso leichter umzubringen.

Unter die Haube bringen

Das Bild meiner Kindergärtnerin – wenn die persönliche Bemerkung ausnahmsweise erlaubt ist – steht mir noch heute in aller Deutlichkeit vor Augen. Schwester Wintrudis war Vincentinerin, und Vincentinerinnen trugen damals etwas, was mit Kopfbedeckung nicht entfernt zutreffend beschrieben ist: Es handelte sich vielmehr um ein kunstvolles Gebilde in steifem Leinen, weiß, mit Spitze weit nach vorn und ausladender Krempe nach den Seiten, immer leicht wippend, wenn sich die Trägerin bewegte. Welche Gefühle diese Haube auslöste? Die Worte, die mir heute einfallen, passen nicht: Autorität ist zu stark, Ehrfurcht zu unpersönlich, Chic völlig daneben. Schwester Wintrudis vertrat das ganz Andere im Leben eines Drei-, Vier-, Fünfjährigen. Ich meine mich zu erinnern, dass die Erscheinung einem Engel gleichkam, einem Engel, dem die Flügel etwas zu hoch gerutscht waren.

Dabei hatte Schwester Wintrudis, als sie sich einst zum Ordenseintritt entschloss, nur *den Schleier genommen*. Frauen, die heirateten, *nahmen die Haube* oder *kamen unter die Haube*, wie das Sprichwort es formuliert. Unverheiratete Frauen trugen demgegenüber das Haar offen, was den Malern immer Gelegenheit bot, die Jungfrau Maria in herrlichen Locken darzustellen. In säkularisierten Zeiten sagte der Hut nichts mehr über den ›Stand‹, umso mehr über die Frau, die ihn trug. Nach Schwester Wintrudis – noch eine persönliche Bemerkung – war mein nächstes Huterlebnis, diesmal als Symbol vollendeter Weiblichkeit (die sogar Cary Grant sichtlich aus der Fassung brachte), Grace Kelly in *Über den Dächern von Nizza*.

Was die Frau auf dem Kopf trug, sprach schon immer seine eigene Sprache und man muss sich unter diesem Gesichtspunkt eher wundern, wie unvorbereitet unsere Gesellschaft auf den Kopftuchstreit war, den die Musliminnen auslösten. Natürlich haben auch die Männer mitgehalten. Mein Vater – jetzt wirklich zum allerletzten Mal – ging nie ohne Hut aus dem Haus (Lieblingsmarke: Borsalino). Die Weltgeschichte ließe sich mühelos als Hutgeschichte schreiben: Man denke nur an die Mütze der Jakobiner und dann Che Guevaras, den Zweispitz Napoleons und die Cowboyhüte amerikanischer Präsidenten, an all die Helme, die in Krieg und Frieden Schutz bieten oder Autorität ausstrahlen mussten, wenn sie nicht beim Gebet abgenommen wurden. Ja, dieses Auf- und Absetzen als zweite Schicht der ›Hutsprache‹. In Schillers *Piccolomini* wird gesagt, dass den Hut vor dem Kaiser aufbehalten zu dürfen den freien Mann bezeichnet. Ansonsten war das Abnehmen des Helms das Zeichen der Friedfertigkeit und drang auch in bürgerliche Zeiten vor, wo es nur noch als Gruß fungierte. Mit *Hut ab!* kann man immer noch seine Achtung bezeugen.

Gibt es auch das Gegenteil: die Äußerung von Abneigung in der Form von Hutkritik? Ein Beispiel wäre Heinrich Heines Karikatur des preußischen Soldaten in der Form der Deutung seines Helms, jener »Spitze«, die »vom allerhöchsten Witze« zeuge: »Nur fürcht ich, wenn ein Gewitter entsteht, / Zieht leicht so eine Spitze / herab auf Euer romantisches Haupt / Des Himmels modernste Blitze!«

Wider den Stachel löcken

Nicht nur ›Sachen‹ hat das Sprichwort bewahrt, auch Wörter. Eines der interessantesten Beispiele ist das Verb »löcken« in *wider den Stachel löcken* aus der Lutherbibel. Werner Besch hat die Einzelheiten dargelegt und dabei erklärt, woran es liegt, dass wir das Sprichwort bis heute durchaus korrekt benutzen, obwohl die allermeisten garantiert nicht wissen, was »löcken« eigentlich bedeutet.

Als Luther nach seinen ersten Angriffen gegen Papst und Kirche Zuflucht auf der Wartburg suchen musste, begann er dort 1521 mit seiner Bibelübersetzung, die sich an alle Deutschen richtete. Nur war die deutsche Sprache noch nicht von Duden reglementiert, zu vielen Wörtern existierten landschaftsgebundene Dubletten. Hügel hieß andernorts »Bühel«, Lippen »Lefzen«. Was tun? Luther suchte einen Ausgleich, hielt sich dazu an seine eigene Region, ein Mitteldeutsch, das zwischen den Extremen des Niederdeutschen und des Bayrisch-Schwäbischen vermittelte. In den immer neuen Nachdrucken seiner Bibel wurden vorübergehend Wörterbücher eingefügt, die Hilfe leisten sollten. Aber die unglaubliche Erfolgsgeschichte seiner Bibel – es sind 440 Ausgaben zu seinen Lebzeiten bekannt, insgesamt eine halbe Million Exemplare bei etwa 12–15 Millionen Einwohnern – ist auch eine Erfolgsgeschichte hinsichtlich der Entstehung einer deutschen Einheitssprache.

Dieser Erfolg konnte sehr unterschiedlich ausfallen. Die eine Version belegt *sein Licht unter den Scheffel stellen* (Mt. 5,15), das ja ebenfalls sprichwörtlich geworden ist. Der »Scheffel« ist ein altes Hohlmaß, und gerade Maßangaben waren extrem landschaftlich gebunden. Für eine Basler Ausgabe der Bibel gibt das Glossar »Sester« und »Symmerin« an, in der katholischen Konkurrenzbibel von Eck, die Luther eng folgt, steht an dieser Stelle »Metze« und »Malter«, in einer Zürcher Bibel »Viertel«. Kein einziges dieser Konkurrenzwörter hat sich erhalten, nicht zuletzt deshalb, weil es offensichtlich zu viele Alternativen gab und Luthers »Scheffel« deshalb leichtes Spiel hatte. Selbst heute, wo der Scheffel genauso ausgestorben ist wie seine damaligen Konkurrenten, hängt das Überleben des Begriffs an seiner Verwendung im Sprichwort.

Noch wesentlich abenteuerlicher liest sich die Geschichte bei *wider den Stachel löcken* (Apg. 9,5), wo Jesus dem Saulus erscheint und ihm mitteilt, es werde ihm schwer werden mit seiner Bekämpfung der Christen (*durum est tibi contra stimulum calcitare*, eine Stelle, die in der heutigen Einheitsbibel übrigens gestrichen ist). Luther übersetzte das schon im Lateinischen vorhandene Bild von den widerspenstigen Zugtieren, die gegen einen Stock mit Stachel anspringen, im Grunde ganz wörtlich – nur verwendete er für das Springen eben das nur im Thüringischen bekannte »löcken«. Entsprechend musste dieses Wort (das an insgesamt neun Bibelstellen vorkommt) erklärt werden, und zwar noch im 19. Jahrhundert. Während der »Scheffel« in den Wortschatz aufgenommen wurde, gelang dies bei »löcken« also nicht – wohl der einzige Fall, bei dem ein Wort nur aufgrund des Sprichworts überlebt. Man darf allerdings fragen: wie lange noch?

Jemanden zum Narren halten

Zum Narren führt Simrock im 19. Jahrhundert über hundert Sprichwörter an. Aber die meisten davon sind kaum noch geläufig (*Wer mit Narren zu Bette geht, steht mit Narren auf* zum Beispiel). Dabei war schon damals die Konjunktur des Themas längst vorbei. Der Höhepunkt lag in der frühen Neuzeit, als der Narr einen älteren Begriff erfolgreich ablöste: den des Sünders. Der Narr ist der säkularisierte Sünder. Was bislang nur im Rahmen der (religiösen) Moral formulierbar war, wird es nun in der (humanistischen) Moralistik. Sebastian Brant gehört zu den Vorreitern oder Propagandisten, sein *Narrenschiff* (1494) leitete eine ganze Narrenliteratur ein, in der menschliche Schwachheiten an diesem neuen ›Helden‹ demonstriert wurden. *Jemanden am Narrenseil führen* stammt zum Beispiel aus diesem Werk, ist dort mit einem schönen Holzschnitt (vom jungen Dürer) versehen. *Einen Narren an jemandem gefressen haben* hängt zumindest sprachlich mit dem »Narrenfresser« zusammen, den Hans Sachs in einem gleichnamigen Schwank präsentiert hat.

Eine dieser Redensarten aber hat eine ganz andere Wurzel: *jemanden zum Narren halten*. Hier liegt eine ältere Vorstellung, beinahe Institution zugrunde, und zwar der Hofnarr. Schon in der Antike gab es die Figur des Spaßmachers, der mit *Narrenfreiheit* sein Publikum unterhielt und dabei auch vor Kritik nicht zurückschrecken musste. Im frühen Christentum sofort verboten, tritt die Gestalt im hohen Mittelalter wieder in höfischer Umgebung in Erscheinung, nicht zufällig auf den Kreuzzügen, wo Unterhaltung offenbar gefragt und fernab kritischer Beobachtung auch unbeanstandet war. In der Heimat bezeugen Reichstagsbeschlüsse mit ihren Verboten ein Weiterleben unter schlechtem Gewissen. Aufzuhalten aber war die Institution damit nicht, sondern im Gegenteil: Im beginnenden Absolutismus gibt es keinen Hof ohne Hofnarren.

Schon dass man ihre Namen kennt, zeigt, welche Bedeutung den Vertretern zukam. Kaiser Maximilian, der sogenannte letzte Ritter, hielt sich Kunz von der Rosen, Kurfürst Friedrich der Weise von Sachsen, den man als Beschützer Luthers kennt, beschäftigte Klaus von Ranstat. Alle diese Namen wurden übertroffen von Klemens Perkeo, der zu Beginn des 18. Jahrhunderts seine Dienste beim Kurfürsten Karl Philipp von der Pfalz in Heidelberg verrichtete. Der Zwerg aus Tirol wurde seiner Trinkfestigkeit wegen von Joseph Victor von Scheffel besungen und von Johann Georg Dathan in einem Ölgemälde festgehalten. Daran sieht man, dass sich der Geschmack inzwischen geändert hatte. Während bislang zum Hofnarren die Kappe mit Schellen und das Szepter gehört hatten, erscheint Perkeo in fürstlicher Kleidung mit Schärpe und Brustkreuz – lächerlich ist dies alles in Verbindung mit der Körpergröße. Perkeo gehörte freilich zu den Letzten seiner Zunft, die Aufklärung sollte in ganz Europa dem Spuk ein Ende bereiten.

Seither hält sich niemand mehr wirklich einen Narren. Aber die Erinnerung ist noch da und der Wunsch nicht weniger. Nur richtet er sich nun an uns alle – man muss sich in Acht nehmen.

Jemandem Hörner aufsetzen

Um die Zuschauer auf das Kommende einzustimmen, lässt Shakespeare zu Beginn von *Romeo und Julia* jeweils ein Dienerpaar der verfeindeten Häuser Montague und Capulet auftreten. Die suchen gegenseitig Streit, aber auf raffinierte Art. Simson beschließt, Abraham *einen Esel zu bohren*, worauf sich folgender Dialog entspinnt:

ABRAHAM: Bohrt Ihr uns einen Esel, mein Herr?
SIMSON: Ich bohre einen Esel, mein Herr.
ABRAHAM: Bohrt Ihr *uns* einen Esel, mein Herr?
SIMSON *(beiseite zu Gregorio)*: Ist das Recht auf unserer Seite, wenn ich Ja sage?
GREGORIO: Nein.
SIMSON: Nein, mein Herr! Ich bohre Euch keinen Esel, mein Herr! Aber ich bohre einen Esel, mein Herr.

Ein Sprichwort (im Englischen heißt es in anderer Idiomatik: *I bite my thumb*) als Beleidigung also. Normalerweise wird die Beleidigung als Geste ausgeführt und mit dem Sprichwort eingeklagt oder jedenfalls bezeichnet. Der Kontakt der Diener ist dabei so angelegt, dass der Gegner beleidigt wird, ohne sich wehren zu können: eine Komödie also, während das Zusammentreffen der Liebenden zur Tragödie führt.

Beleidigende Sprichwörter oder Sprichwörter, die eine Beleidigung ausdrücken, gibt es viele. Wenn Luther seine Gegner einmal als »Ölgötzen und Maulaffen« beschimpft, spielt er einerseits auf *dastehen wie ein Ölgötze* und andererseits auf *Maulaffen feilhalten* an. In beiden Fällen geraten die Experten mit Erklärungen in Verlegenheit. Ölgötzen gab es früher als (plumpe) Heiligenfiguren oder auch Bildstöcke, aber schon Luther verschiebt die Bedeutung, wenn er den Begriff auf die mit Öl gesalbten römischen Priester anwendet. Auch Maulaffen lassen sich in der damaligen Realität ausfindig machen: als Tonfiguren, in deren großem Mund man einen brennenden Kienspan zu späterer Verwendung ablegen konnte. Nur macht das »Feilhalten« Schwierigkeiten, obwohl es bis heute aus rätselhaften Gründen verstanden wird.

Ein weiterer schwieriger Fall liegt vor in der Wendung *jemandem Hörner aufsetzen* beziehungsweise in der verächtlichen Rede vom *gehörnten Ehemann*. Der Sinn ist klar: Es geht um den betrogenen Ehemann, den (als Wort fast gänzlich ausgestorbenen) *Hahnrei*. Auch unsere Nachbarsprachen kennen das Bild: *porter des cornes* heißt es im Französischen, *to horn* oder *to hornify* im Englischen. Das Italienische kennt den gehörnten Ehemann als *cornuto*. Als passende Gebärde dazu dient das Ausstrecken des zweiten und fünften Fingers der Hand, was übrigens auch als *einen Esel bohren* aufgefasst werden kann. Woher aber die Vorstellung von den Hörnern in diesem Zusammenhang kommt, lässt sich nicht klären. Ob wirklich ein gehörntes Tier wie etwa der Ochse oder besser das Rindvieh über dessen notorische Dummheit den Vergleichspunkt darstellt? Oder bezeichnen die zwei Finger die zwei Männer? Und wie passen die Hörner zum Hahn, wenn überhaupt zwischen Hörnersetzen und Hahnrei eine Verbindung besteht?

Der deutsche Michel

Einer der großen europäischen Moralisten, der spanische Jesuit Balthasar Gracian, notiert einmal in einem seiner Aphorismen: »Das Wasser nimmt die guten oder schlechten Eigenschaften der Schichten an, durch welche es läuft, und der Mensch die des Klimas, in welchem er geboren ist [...]. Es gibt keine Nation, selbst nicht unter den gebildetsten, welche davon frei wäre, irgendeinen ihr eigentümlichen Fehler zu haben, welchen die benachbarten zu tadeln nicht ermangeln.« Sein Rat lautet: die Schwäche kennen und ihr entgegenwirken – dann gelte man als einzigartig.

Das war im Jahre 1647, auf einem Höhepunkt der gegenseitigen Verunglimpfung der europäischen Nationen während des Dreißigjährigen Krieges. Zu dieser Zeit stand das jeweilige Bild vom Anderen freilich schon lange fest. Die Franzosen galten als liebestoll, die Italiener als verlottert, die Spanier als stolz (*stolz wie ein Spanier*). Die Deutschen aber waren nach einhelliger Meinung sämtlicher Nachbarn nur eines: dumm. »Ist wahr, können nit viel Latein, / Denn Fressen, Saufen, Buben sein«, reimte jemand 1546 auch noch aus dem eigenen Volk.

Freilich gibt es daneben eine etwas subtilere Nationencharakteristik, die sich an andere Kriterien hält. Nur fällt auch diese für die Deutschen nicht besonders günstig aus. Sie geht in Richtung Tölpelhaftigkeit bis Schlafmützigkeit und haftet am Schutzpatron des Landes, dem Erzengel Michael (was die Nazis wohl wie so vieles andere auch nicht wussten: derselbe wie der des jüdischen Volkes). Dabei verkörpert dieser eigentlich ganz andere Tugenden. Er ist der Besieger der abgefallenen Engel, im Frühmittelalter taucht er als Drachentöter auf. Schon die langobardischen Könige hatten sich im Kampf unter seinen Schutz gestellt, in der Schlacht auf dem Lechfeld 955 zierte er die Feldzeichen der Truppen Ottos des Großen. Aber nichts davon konnte er denen weitergeben, die ihn zum Patron erhoben. Es erfolgte der Absturz zum *deutschen Michel* mit Zipfelmütze und unsäglich trotteligem Gesichtsausdruck, der fortan die Karikaturen beherrschte.

Entgegenhalten kann man dem eigentlich nur, dass die Deutschen selbst sich anders gesehen haben. Adolph Freiherr Knigge startet seinen *Umgang mit Menschen* geradezu mit dem Hinweis auf das Handicap, dass die Deutschen sich wie keine andere Nation *nicht* gleichen. »Der treuherzige, naive, zuweilen ein wenig bäurische, materielle Bayer ist äußerst verlegen, wenn er auf alle verbindlichen, artigen Dinge antworten soll, die ihm der feine Obersachse in einem Odem entgegenschickt; dem schwerfälligen Westfälinger ist alles hebräisch, was ihm der Österreicher in seiner, ihm gänzlich fremden Mundart vorpoltert; die zuvorkommende Höflichkeit und Geschmeidigkeit des durch französische Nachbarschaft polierten Rheinländers würde man in manchen Städten von Niedersachsen für Zudringlichkeit, für Niederträchtigkeit halten […].«

Das war im Jahre 1788, als Deutschland noch der berüchtigte Flickenteppich war und man von Einheit höchstens träumen konnte. Aber mit Gracian wissen wir, woran es lag. Von Flensburg bis Oberstdorf herrscht ja wirklich kein einheitliches Klima. Da hatte der Spanier gut reden.

Aufschneiden

Wir leiden heute unter der Informationsflut und meinen damit die Flut medial verpackter Informationen, sei es im Druck, sei es auf dem Bildschirm. Von der Erfindung des Buchdrucks bis 1900 rechnet man mit 10 Millionen Büchern, im Augenblick aber erscheint allein pro Jahr eine Million, die *Library of Congress* in den USA beziffert ihren Gesamtbestand auf 150 Millionen. Die Computerfirma *Oracle*, ebenfalls USA, scheitert seit Jahren mit ihrem Projekt, alles je Veröffentlichte erfassen zu wollen, meldet immer neue Anläufe. Vor welchen Problemen man dabei steht, geht etwa aus der Tatsache hervor, dass die wohl unvermeidbare Fehlerquelle beim maschinellen Einlesen alter Kataloge Tausende Bücher verschwinden lässt. Fest steht jedenfalls, dass der vielbeschworene *overflow*, die Überflutung also mit Informationen, zum Ende der Informationen zu führen droht.

Vor diesem Hintergrund kann man über den *overflow* der Vergangenheit nur müde lächeln. Was es gab, war Geschwätz, Prahlerei. Vor dem Hintergrund von zu wenig (nachprüfbarer) Information und langer Abende beschränkte sich das Leiden auf das Anhörenmüssen phantastischer Geschichten. Das Sprichwort reagierte darauf mit einem bemerkenswerten Lakonismus – mit dem Wort vom *Aufschneiden*.

Allerdings war damit mehr gemeint, als wir heute damit verbinden. Zumindest will das Messer mitbedacht sein, das das Bild wesentlich prägte. Die Rede ist nämlich vom Aufschneiden großer Stücke Brot mit einem großen Messer. Entsprechend zeigen bildliche Karikaturen ›Helden‹ mit einem mannsgroßen Gerät über der Schulter durch die Lande ziehen. In Bierstuben hing oft ein etwas bescheideneres Exemplar über dem Stammtisch, dafür mit einer Glocke daran, die man läuten konnte, um zu verstehen zu geben, dass einmal wieder der Tatbestand des *Aufschneidens* erfüllt war. Röhrich zitiert einen französischen Schwank, in dem von einem Schmied die Rede ist, der mit einem solchen Riesenmesser durch die Wand und sich selbst schnitt – das Muster der Lügengeschichte, die bei uns mit dem Namen Münchhausen verbunden ist.

Aber es gibt wesentlich ältere Belege. Überall da, wo man in vorwiegend mündlichen Zeiten Kommunikation in der Form des Gesprächs thematisierte, kommt auch der Prahlhans vor. Im Versgedicht des *Grobianus* von Dedekind und Scheidt (lateinisch 1549, deutsch 1551), in dem ironisch zu schlechtem Benehmen aufgefordert wird, ist das Prahlen sogar direkt mit dem Aufschneiden verbunden. Man solle so sehr lügen, dass das Messer schartig werde und man damit das Brot anschließend sägen könne, heißt es. Viel weiter zurück reicht die Figur des prahlerisch-aufschneiderischen Soldaten (des *miles gloriosus*), die in der Antike Plautus in die Komödie eingeführt hat. Die bekannteste Version im deutschen Theater ist der *Horribilicribrifax* (1663) von Andreas Gryphius, bei der schon der Name des Titelhelden ahnen lässt, was er am besten kann. Genau heißt er übrigens »Don Horribilicribrifax von Donnerkeil auf Wüsthausen« und hat es als Mit- und Gegenspieler zu tun mit »Don Deradiridatumtarides Windbrecher von Tausend Mord«. Auch so also kann man überflutet werden.

Kleine Poetologie des Sprichworts

Zwischen die Mühlsteine geraten

Es ist das, was die meisten erwarten: Das Sprichwort spricht gerne in Bildern, in Metaphern (dass es auch anders spricht, folgt in den nächsten Kapiteln). Wer sich schon einmal gefühlt hat, als sei er *zwischen die Mühlsteine geraten*, weiß, was das bedeutet. Wo liegt die Abgrenzung zur Metapher, die kein Sprichwort ist? Aristoteles erläutert die Metapher am Beispiel: *Die Wiese lacht*. Gemeint sei – so der Philosoph –, dass die Wiese blüht. Aber wie dürftig klingt dies? Wie viel besser, wenn ich den Satz lebendiger fasse, wenn ich die Wiese ›belebe‹! Natürlich, die Wiese blüht. Aber es sieht aus, als wenn sie lacht. Ein Bild also, dem Ähnlichkeit zugrunde liegt. Blühen muss dem Lachen ähneln – sonst wird es nie eine Metapher.

Das Sprichwort geht (nur) einen Schritt weiter. Es macht das Bild zur Szene: Im Falle der Mühlsteine ist ein Akteur da, ein kleines Schauspiel vollzieht sich. Der nächste Schritt wäre eine komplette Geschichte, zum Beispiel eine (kleine) Fabel, die erläutert, in welche Bedrängnisse man kommen kann. Das wäre die Überschreitung des Sprichworts gewissermaßen nach oben. Das Sprichwort liegt zwischen dem bloßen Bild und der Geschichte. Schauen wir uns Metaphern benutzende Sprichwörter etwas näher an und bereiten wir uns vor auf gleitende Übergänge.

Noch sehr nahe an der bloßen Metapher wäre der *Hahn im Korb* (für den Favoriten im Kreis von Schönen), wo das Bild übrigens im Substantiv steckt. Das gibt es auch beim Verb: *Es hagelt Prügel* (für: Es gibt Prügel). In beiden Fällen handelt es sich jeweils um eine sprichwörtliche Redensart, deren speziellen Charakter man bemerkt, wenn man übersetzen will. Sofort stellt sich heraus, dass andere Sprachen andere Bilder und damit andere Redensarten benutzen. Umgekehrt gilt: Nur im Italienischen ist etwas so teuer, dass es ein Auge aus dem Kopf kostet (*costa l'occio della testa*), nur bei den Portugiesen bezahlt man mit der Haut vom Leib (*costa a pel do capo*), nur die Engländer sagen, es koste Arm und Bein (*it costs an arm and a leg*) – während es im Deutschen schlicht kein Äquivalent gibt.

Manche Bilder lösen dabei regelrechte Flächenbrände aus, die *Nuss* zum Beispiel. Man kann sie mit jemandem *knacken* wollen, eine *taube Nuss* sein, einem *auf die Nuss geben* und so fort. In anderen Fällen ist es der oder das Bezeichnete, was in einer Vielheit von Bildern existiert. Der Trinker und sein Trinken sind das Paradebeispiel, wofür es allein in einzelnen Mundarten mehr als tausend Bilder geben soll. Beim Trinker dienen Tiere gerne zum Vergleich (*Er trinkt wie ein Schwein*). Anknüpfungspunkt ist aber auch die Flasche (*Er hat sämtliche Flaschen leer gemacht*), der Zustand (*Er ist restlos voll*), die Fortbewegung (*Er torkelt nach Hause*). Dabei hilft oft das Wörtchen »wie«, das das Bild zum direkten Vergleich erweitert: *Er ist so voll wie eine Granate*, *Er säuft wie ein Loch*, *Er torkelt wie ein Seemann*. Natürlich gibt es auch schwieriger zu deutende Bilder. *Einen auf die Lampe gießen* wäre ein Beispiel. Man weiß nicht genau, ob dabei die Öllampe den Bezug herstellt, bei der das Nachgießen die Brenndauer verlängern würde.

Das falsche Gesangbuch haben

Auch dies ist nicht wörtlich gemeint – aber es liegt keine Metapher zugrunde. Bei Metaphern geht es um Ähnlichkeit. Das (falsche) Gesangbuch ähnelt aber nicht dem, was eigentlich gemeint ist: der Religion oder, wie es heute öfter im übertragenen Sinne gebraucht wird, der Politik. Das Gesangbuch *ist* ein ›Gegenstand‹ der Religion. Dieses kleine Sprachkunststück war immer viel weniger bekannt als die Metapher, obwohl es ebenfalls häufig vorkommt. Schon der Name dürfte den meisten fremd sein: Metonymie. Etwas vertrauter ist ihr Spezialfall, das *pars-pro-toto*-Verhältnis. Ein Teil steht für das gemeinte Ganze, die berühmten »Köpfe« für Menschen, wenn wir von »klugen Köpfen« reden (die den Menschen nicht ähneln, sondern die sie besitzen).

Das Sprichwort hat selbstverständlich Metonymien genauso zu kleinen Szenen ausgebaut wie Metaphern. *Jemandem zu Brot verhelfen* oder *ins Brot bringen* wäre ein Beispiel – mit dem Brot ist ja die Versorgung im Ganzen gemeint. Auch *das bittere Brot der Verbannung essen* lebt davon, dass es auch sonst viel Bitteres in der Verbannung gibt. Manchmal merkt man es sehr deutlich: *eine gute Klinge schlagen*. Gemeint ist, dass jemand gut kämpft – *mit* der Klinge. Oder das bekannte *Sorgen dafür, dass der Schornstein raucht*. Hier denkt man daran, dass ein Haus, in dem der Schornstein raucht, auch sonst gut versorgt ist. Und wer hätte Schwierigkeiten mit dem *Schürzenjäger* oder mit jemandem, der *hinter jeder Schürze her* ist? Man weiß schon, dass es auf die Schürze sehr wenig ankommt bei dieser Jagd, sondern sehr viel mehr auf das, was in ihr steckt.

Klar, dass Metonymien (genauso wie Metaphern) sehr beliebt sind, wenn es darum geht, Peinliches verhüllt zu sagen. Anders als beim durchsichtigen Schürzenjäger ist dabei manches so verhüllt (worden), dass es zuletzt niemand mehr durchschaut und die Metonymie entsprechend verblasst. Der *junge Spund* könnte ein Beispiel sein, wenn man daran denkt, dass mit »Spund« der Zapfen an einem Fass gemeint ist. Der Zapfen allein ist aber nicht gemeint, sondern derjenige, der ihn (in etwas anderer Form) besitzt. Sicher ist man sich bei der *alten Schachtel*, die auf mehr als derbe Weise das weibliche Äquivalent bezeichnet und damit wiederum für das ›Ganze‹ steht. Wie immer in solchen Fällen bieten die Sprichwörter das Frauen- und Männerbild der früheren Zeiten. Wie peinlich!

Stellen wir einmal eine ganz andere Frage: Wie steht die Metonymie im Verhältnis zur Metapher? Man hat behauptet, die Metapher gehöre kulturell der Vergangenheit an, die Moderne bevorzuge die Metonymie. Die Metonymie benennt ja gerne Teile fürs Ganze, tendiert damit zum Fragment oder zum Fragmentieren, was an die moderne Zerrissenheit erinnert. Schon der Film erschien dem berühmten Strukturalisten Roman Jakobson mit seinen Nahaufnahmen von Köpfen metonymisch. Bestätigt das Sprichwort die behauptete Tendenz? Wohl kaum, wie die angeführten Beispiele zeigen. Metaphorische und metonymische Sprichwörter sind schlicht Alternativen. Wenn es in der Moderne eine Verschiebung geben sollte, dann am ehesten hin zum Sprachspiel. Davon wird noch die Rede sein.

Auf dich haben wir gerade noch gewartet!

Metaphern und Metonymien klingen gehoben, kommen jedoch auch in der Umgangssprache vor. Wie aber steht es mit wirklich Kompliziertem, mit Hyperbel und Emphase, mit Paradox und Ironie? Gibt es auch sie im Sprichwort? Verträgt sich dies mit seiner angeblichen Volkstümlichkeit?

Vielleicht traut man es am ehesten der Hyperbel zu, der Übertreibung. Aus dem Lehrbuch der Rhetorik stammt *Es mochte einen Stein erbarmen*, was mit den vielen Formeln vom Herzen aus Stein oder gar Diamant verwandt ist, die man aus Barockgedichten kennt. Und tatsächlich trifft man Derartiges im Sprichwort auf Schritt und Tritt. *Hoffen heißt Wolken fangen*, führt Agricola an, auch: *Eine Mücke führt es auf dem Schwanz weg*. Sogar *schwindsüchtige Flöhe husten hören* soll sprichwörtlich gewesen sein. Viel hyperbolischer drückten sich auch die Barockdichter nicht aus.

Prüfen wir auch das Gegenteil der Hyperbel, die Emphase. Gemeint ist ein Ausdruck, der schlicht klingt, aber mit Nachdruck verstanden sein will: *Er ist (nur) ein Mensch*, lautet das Musterbeispiel in der Rhetorik. Wieder kann man leicht missverstehen, aber wieder scheut das Sprichwort davor nicht zurück: *Dort wird auch nur mit Wasser gekocht*, heißt es. In einer Sonderform kommt die Emphase sogar häufiger vor, nämlich in der (scheinbar sinnlosen) Wiederholung desselben Wortes. Mit *Persil bleibt Persil* hat die Ehefrau des ersten deutschen Bundespräsidenten, Elly Heuß-Knapp, einmal die Werbesprache bereichert. *Wer liegt, der liegt (dem hilft niemand auf)*, stellt Agricola in seine Sammlung, auch: *Wer dient, der dient*, *Hin ist hin* – und jeder versteht.

Wie aber ist es mit den logischen Kunststückchen, mit dem Paradox zum Beispiel? Wagt sich das Sprichwort auch an solche Spitzfindigkeiten? Es wagt sich: *Mit sehenden Augen blind sein*, führt wiederum Agricola an. *Mit trockenen Netzen fischen* bedeutet: vergeblich fischen – Brueghel hat es auf seinem Sprichwörterbild festgehalten.

Und die Ironie? Ihre Definition in der klassischen Rhetorik lautet: Bezeichnung durch das Gegenteil. Wir sagen »unser Schätzchen« und meinen den größten Flegel in der Klasse. Jede Radio-, Fernseh- oder Zeitungsredaktion warnt ihre Mitarbeiter vor Derartigem, weil sonst hinterher die Leserbriefe derjenigen ins Haus flattern, die dieses diffizile Spiel nicht verstanden haben. Aber es gibt auch ironische Sprichwörter: *Auf dich haben wir gerade noch gewartet!* Nein, auf dich haben wir eben gerade nicht gewartet, ist der Sinn, wie jeder weiß. Und warum scheint die Gefahr des Missverstehens beim Sprichwort eher gering? Eben, weil es ein Sprichwort ist!

Allzu scharf macht schartig

In Zeiten vorwiegender Mündlichkeit hat der Klang der Worte eine ganz andere Rolle gespielt als heute. Was richtig war, musste auch gut klingen. Der Stabreim der Germanen erklärt sich damit ebenso wie der Endreim, der im Mittelalter aufkam. Klar, dass das Sprichwort dies aufgreift. *Allzu scharf macht schartig* trägt den Stabreim fort, die Alliteration, die in so vielen Zwillingsformeln begegnet. Und dann setzt erst die ganze Flut dessen ein, was irgendwie mit Klängen beziehungsweise Reimen spielt und in der klassischen Rhetorik als Sprachspiel (Paronomasie) bezeichnet wird: *Ist er tot, so isst er nimmer Brot*, *Bürgen soll man würgen*, *Er hat Gut und Mut verloren* und so weiter. Auch die spezielle Form, bei der die leichte Klangveränderung auf einer grammatischen Abwandlung beruht (dem Polyptoton), kommt vor: *Es ist keiner so stark, dass er nicht einen Stärkeren fände*, *Mit Bösem muss man Böses vertreiben*. Und manchmal sind es auch regelrechte Verse, zu denen sich das Sprichwort auswächst: *Augendunst und Ohrenblasen / sind zu Hof die besten Wasen*, bietet Johann Agricola, weiter: *Bürger und Bauer scheidet nichts denn die Mauer.*

Klänge also, die kunstvoll verwendet werden. In Sätzen werden Worte mit leichter Abwandlung wiederholt und es entstehen Alliteration, Reim, Wortspiel. Aber auch an den Sätzen selbst kann man arbeiten, sie auffällig und damit einprägsam ›bauen‹. Der (antithetische) Parallelismus ist ein solcher Fall. *Besser einen Spatz in der Hand als eine Taube auf dem Dach* wäre ein Beispiel, und wiederum fallen sie wohl jedem dutzendweise ein: *Zum einen Ohr hinein, zum andern Ohr hinaus*, heißt es, *Auf einen groben Klotz gehört ein grober Keil*, *Wes Brot ich ess' des Lied ich sing*. Auch in wesentlich kürzerer Form begegnet uns Antithetisches: *Ende gut, alles gut* beispielsweise oder: *Alter schützt vor Torheit nicht*. Vor allem Frauenfeindliches begegnet in solchen Antithesen: *Kurzer Mut und langes Haar* hieß es einmal. In dieselbe Kerbe schlägt: *Lange Kleider, kurzer Sinn*.

Wo die Antithese benutzt wird, ist auch ihr Gegenstück niemals weit, die kreuzweise Anordnung des Satzes, der Chiasmus: *Besser ein alter Mann und ein junges Weib als ein altes Weib und ein junger Gesell* heißt es bei Agricola – und wieder sind wir mitten in der Frauenfeindlichkeit gerade auch dieses Sprichwortsammlers. Wer eine Mutter oder einen Vater im Altersheim besucht, kennt wohl den Spruch, den sich die armen Pfleger tagtäglich bis zum Überdruss anhören müssen: *Eine Mutter* (wahlweise: *ein Vater*) *kann eher zehn Kinder ernähren als zehn Kinder eine Mutter*. Und es ist wie immer bei dieser Art von Sprachgestaltung: Was so kunstvoll ausgedrückt ist, muss auch wahr sein.

Aller Anfang ist schwer, sagte der Dieb, da stahl er einen Amboss

In Charles Dickens' Roman *Die Pickwickier* (1836/37) findet sich unter den komischen Figuren als komischste der Schuhputzer Samuel Weller, der Mister Pickwick auf seinen eigenwilligen (Verfolgungs-)Reisen als Diener folgt und außer mit einem fürchterlichen Dialekt mit einer Sprichwortspezialität aufwartet: [...] *aber nischt über n ruhiges Leben, wie der Mann sagte, als er die Wächterstelle auf m Leuchtturm annahm.* Der große amerikanische Sprichwortforscher Archer Taylor hat diesen Typ *wellerism* getauft, worin ihm die Zunft gefolgt ist (in Deutschland meist: Wellerismus, aber auch: Sagwort). Moderne Parodiespezialisten haben sich auf die Formel gestürzt: *Gegensätze ziehen sich an, sagte der Totengräber, als er die Hebamme an sich zog.*

Dabei ist der Typus alt, hat schon antike Vorläufer. In Deutschland belegt der Sammler Josua Eiselein ihn 1838, also ungefähr zeitgleich mit Dickens: *Da schwimmen wir Äpfel!, sagte der Rossdreck, und schwamm unter Äpfeln den Bach ab.* Man erkennt leicht die Funktion dieser Erweiterung: Ein Anfangssatz wird über das Gelenkstück »sagte XY« mit einem Schlusssatz ironisch verkoppelt. Damit ist der Weg nicht weit zur Sprichwortparodie, wenn man nicht überhaupt sagen kann, dass der Wellerismus sie förmlich eröffnet. *Aller Anfang ist schwer, sagte der Dieb, da stahl er einen Amboss*: Dieses ebenfalls bereits von Eiselein zitierte Beispiel spielt recht frech mit einer ›Weisheit‹. Und schon Johann Fischart erreichte in dieser Hinsicht durchaus ›modernes‹ Niveau, wenn er schrieb: *Der Himmel ist schwer zu verdienen!, sprach der Abt, als er vom Bette fiel und die Nonne ein Bein brach.*

Was am Wellerismus außer der Nähe zur Parodie deutlich wird, ist die Produktivität von Strukturformeln. Davon existieren eine Reihe weiterer mit ähnlicher Produktivität. Ein besonders erfolgreicher Fall: *Eine Frau ohne Mann ist wie ein Fisch ohne Fahrrad.* Wolfgang Mieder hat herausgefunden, dass der Spruch aus Amerika stammt, vermutlich 1977 zum ersten Mal als Werbung für T-Shirts auftauchte. Obwohl auch diese Formel schon lange existiert (Johann Fischart: *Ein Altar ohne Heiligtum ist wie eine Kuh ohne Schwanz*) und in ganz ähnlicher Form bereits vom Sprichwortsammler Karl Friedrich Wilhelm Wander 1870 belegt wird (*Ein Weib ohne Mann ist eine Fenster ohne Scheibe*), hat das amerikanische Beispiel offenbar die Lawine ausgelöst: Im Small Talk wie an Klowänden entstanden fast unendlich viele Varianten, darunter auch die ›literarische‹ von Werner Mitsch: *Eine Frau ohne Mann ist wie eine Katze ohne Stahlhelm.*

Gibt es weitere Strukturformeln? Beinahe jedes Sprichwort, das ein Komma enthält! *Was dem einen seine Eule, ist dem andern seine Nachtigall* kennt Mieder in dreizehn Varianten, darunter: *Was dem einen seine Kathedrale, ist dem andern sein Basilikum. Wo ein Wille ist, da ist auch ein Weg* erschien als: *Wo eine Pille ist, ist auch ein Bett.* »Goldene Worte gegen das Blech unserer Zeit«, wie es Mitsch für seine Aphorismen in Anspruch nahm? Gerade bei Strukturformeln muss man vorsichtig sein. Wie einige der genannten Beispiele lehren, gibt es auch eine Blödelsprache.

Die Axt im Haus erspart den Zimmermann

Die Grenze ist klar, aber sie nützt nichts. *Die Axt im Haus erspart den Zimmermann* ist kein Sprichwort – und ist es trotzdem. Woran liegt's? Am Wissen dessen, der es gebraucht! Wer in der Schule aufgepasst hat und weiß, dass der Vers aus Schillers *Wilhelm Tell* stammt, äußert ein Zitat, wer es nicht weiß, ein Sprichwort. Man kann es auch so ausdrücken: Zitate werden, ausgiebigen Gebrauch vorausgesetzt, sprichwörtlich.

Als der Gewerbeoberlehrer Georg Büchmann 1864 in Berlin einen Vortrag über »Landläufige Citate« hielt, überredete ihn ein Verleger anschließend dazu, daraus ein Buch zu machen: die *Geflügelten Worte*, die heute in kaum mehr zu zählender Auflage vorliegen. Das 19. Jahrhundert war das Jahrhundert der Industrialisierung, es entstand ein breites Bürgertum, das seinen wirtschaftlichen Aufstieg mit Bildung verband, oft genug mit firnishafter. Das Zitat gab den gewünschten Anschein und »der Büchmann« wuchs von Auflage zu Auflage. Vor einem Diner konnte man ein Kapitel durchstöbern, die Bibel zum Beispiel oder auch Schiller – und glänzte anschließend in der Konversation. Die *Axt im Haus erspart den Zimmermann* – wie großartig, falls der Sprecher keinen Fehler machte und die Anwendung in den Grenzen des Geschmacks hielt.

Diese Zeiten sind (weitgehend) vorbei. Zitate werden aus anderen Gründen sprichwörtlich, und zwar aus denselben, wie Sprichwörter auch entstehen: als griffige Wendungen, deren Erfinder umso leichter hinter ihnen verschwinden, je mehr Literatur den Markt überschwemmt. Die Bibel hat es da schwer, auch die Klassiker sind nicht mehr aktuell. Mittlerweile lebt das alte geflügelte Wort eher da weiter, wo man sicher zu sein glaubt, dass man *nicht* die Bibel oder einen Klassiker zitiert. Wer denkt beim *Feigenblatt* noch an *Genesis* 3,7 oder bei *vom Scheitel bis zur Sohle* an *Deuteronomium* 28,35? Dass *europamüde* von Heinrich Heine stammt (aus den *Englischen Fragmenten*), ahnt man nicht, und die *Axt im Haus* wird ebenfalls mehr und mehr entschillerisiert.

Interessant ist da, dass überhaupt so viele heutige Sprichwörter tatsächlich Zitate waren. *Man muss die Feste feiern, wie sie fallen* stammt aus dem Berliner Theaterstück *Graupenmüller* (1870) von Hermann Salingré. *Jedem Tierchen sein Pläsierchen* steht in einer Gedichtsammlung von 1887. *Immer nur Bahnhof verstehen* findet sich in einem Roman von Hans Fallada, der von Soldaten im Ersten Weltkrieg handelt, die sich nach der Heimat sehnen. Und nicht nur die Literatur bildet den Ausgangspunkt. Bei *08/15* liegt die Bezeichnung für das massenhaft hergestellte Maschinengewehr zugrunde, das 1908 eingeführt und 1915 verbessert wurde. *Mein Name ist Hase* hat ein Student namens Victor Hase 1854 vor Gericht gesagt (und dann geschwiegen), als er einen Freund deckte, der sich verbotenerweise duelliert hatte. Und *der Platz an der Sonne*? Der geht auf einen Ausspruch von Fürst Bülow in der Reichstagssitzung vom 6. Dezember 1897 zurück, als die Annektierung von Kiautschou im fernen China beschlossen wurde. Wenigstens in diesem Fall wird man wohl froh sein, wenn niemand weiß, dass das Sprichwort ein Zitat war.

Haare auf den Zähnen haben

Das geflügelte Wort unterscheidet sich vom Sprichwort durch die Autorschaft. Dazu aber gibt es noch weitere Alternativen.

Schon auf die Antike geht die Sammlung von Aussprüchen berühmter Persönlichkeiten zurück, der (zungenbrecherischen) Apophthegmata. Hier ist der Autor ganz unverzichtbar, soll er doch gerade durch sein Wort ›charakterisiert‹ werden. In der Neuzeit erlebte die Gattung noch einmal als Klug- und Hofspruch einen Aufschwung, ehe sie im Laufe des 17. Jahrhunderts durch etwas Neues für immer verdrängt wurde: durch den Aphorismus. Statt an allgemeiner Wahrheit, an objektiven Normen ist der Aphorismus ganz im Gegenteil auf das Aufbrechen, Unterminieren des Gängigen abonniert. In knapper, pointierter Form bietet er statt Geist Geistreiches, fasst Denkweite in Sprachkürze, löst die nachsprechbare Wahrheit durch die brillante Skizze, das Aperçu, das Bonmot ab. Wenn La Rochefoucauld etwas über Freundschaft sagt, muss man sich auf Enthüllendes gefasst machen: sie sei »ein Geschäft, von dem der Eigennutz sich immer irgendeinen Gewinn verspricht«.

Als erster deutscher Vertreter von Format gilt Georg Christoph Lichtenberg, der Aphorismen zwischen 1764 und 1772 in seinen *Sudelbüchern* ganz für sich selbst sammelte – herausgegeben wurden sie ab 1800 postum. Oft handelt es sich um harmlose Sprachspielereien, wenn etwa von »saufbrüderlicher und kaffeeschwesterlicher Eintracht« die Rede ist. Öfter ist Kritisches im Spiel: »Der Pöbel ruiniert sich durch das

Fleisch, das wider den Geist, und der Gelehrte durch den Geist, dem zu sehr wider den Leib gelüstet.« An Nachfolgern hat es nicht gemangelt: Friedrich Nietzsche und Karl Kraus gehören zu den Berühmtheiten, in der Gegenwart wären etwa Émile Cioran und Peter Handke zu nennen.

Das für uns Interessante aber liegt darin, dass Aphorismen gelegentlich bei Sprichwörtern ihren Ausgangspunkt nehmen. Natürlich geht es dann niemals um eine brave Kommentierung, sondern stets um Spiel und oft genug um ein Spiel, bei dem das Sprichwort schlecht aussieht. Ein Meister dieser Art von Aphorismen war Karl Friedrich Wilhelm Wander. In seinem *Politischen Sprichwörterbrevier* (1872) wird kein einziges der über tausend Sprichwörter so genommen, wie es ist – alle werden gewissermaßen umgedreht, gegen den Strich gebürstet, rechnen ab mit dem preußischen Polizei- und Unterdrückungsstaat, mit dem »gräulichen Charakter« seiner Zeit. »*Mit der Wahl hat man auch Qual*; will man daher keine Qual, so gehe man nicht zur Wahl«, heißt es in scharfer Antithetik. Zu *Selbst ist der Mann* findet sich: »Nein: selbst ist die Polizei!« Bei *Wer Recht sucht, wird Recht finden* liest man: »Es gibt kein Sprichwort, das einen größeren Irrtum enthielte. Wer Recht sucht, der findet Kostennoten.« Wo die Rede ist von den kleinen Dieben, die man hängt, während man die großen laufen lässt, lautet der Einspruch: nein, man bezahle ihnen auch noch Diäten. Mit am besten gelungen aber ist der Kommentar zu *Haare auf den Zähnen haben*. Heute habe man besser Zähne auf den Haaren, heißt es, nämlich um sich gegen die vielen Angriffe auf den Kopf zu wehren.

Bette dich gut!

Die letzten Reste kennt man noch: *Frisch, fromm, fröhlich, frei* war einmal der Wahlspruch des deutschen Turnerbundes, gegründet 1846 in Heilbronn. *Honi soi qui mal y pense* (Hohn dem, der Übles dabei denkt) ist sogar auf Französisch vielen noch als Wahlspruch des Ritterordens vom Hosenband geläufig. Wahlspruch? Tatsächlich haben sich Institutionen einmal auf solche Weise selbst gekennzeichnet, sich unter ein ›Wort‹ gestellt. *Der Unsterblichkeit* suchte sich die Französische Akademie in Paris aus, in Oxford entschied man sich für *Die Wahrheit ist stark*, beim Trappistenorden hieß es *Memento mori* (Gedenke, dass du sterblich bist). In England hatte jede Handwerkerinnung ihre Losung: *Hart genug* die Eisenhändler, *Schleift wohl* die Steinschleifer, *Dein Licht gib uns, o Gott* die Glaser, *Die Frauen erhalten Stützen von uns* die Schuhmacher und *Unfähig, Armut zu ertragen* die Bristoler Kaufmannschaft.

Aber nicht nur Institutionen wählten sich ihre Sprüche, auch Personen. In einigen Fällen erinnert man sich vielleicht, etwa an das *Für Ruhm und Vaterland* des Alten Fritz, *Tue Recht und scheue niemand* des sächsischen Kurfürsten Johann Friedrich III. Auch Kaiser Karl V. hatte einen bekannten Wahlspruch: *Plus ultra*, das Gegenstück zum *Non plus ultra*, das trotzige *Darüber hinaus* also. Freilich klingt dies bescheiden gegenüber dem Wahlspruch der österreichischen Habsburger, die zwar lediglich die Vokale *A.E.I.O.U.* aneinander reihten, sie allerdings als Acronym für *Austriae est imperare orbi universo* (Österreich steht die Weltherrschaft zu) verstanden. So weit war nicht einmal ein wirklicher Weltherrscher gegangen: Kaiser Augustus hatte *Niemand bezwang es* gewählt.

Ausgefallenes findet sich allerdings auch sonst genug. Für Cesare Borgia, den kaltblütigen Renaissance-Tyrannen, findet man *Entweder Caesar oder nichts*, für den französischen Marschall Rohan-Gié *Zur rechten Stunde überkam uns der Regen*, während zum Admiral Hadrian de Brauté *Er besänftigte die Wogen* gut passt. Rührend der Wahlspruch Philipps des Guten von Burgund: *Keine andere werde ich haben, Frau Isabella, solange ich lebe.* Provozierend der von Eitel Friedrich Graf von Zollern: *Adams Ripp' und Rebensaft*, wobei zu *Weib, Wein und Gesang* nur der Gesang fehlt. Auch die Intellektuellen standen einmal nicht zurück. Erasmus von Rotterdam hatte *Ich weiche keinem*, Ulrich von Hutten *Der Würfel ist gefallen* gewählt.

Wahlsprüche also, zu denen noch andere Sprüche gehören wie die an Häusern: *My home is my castle* (Mein Haus ist meine Burg) ist noch übrig geblieben, ebenso das einmal ›klassische‹ *Klein, aber mein*, das auf Ariost zurückgeht. Eine letzte Untergattung ist jüngst wieder ins Bewusstsein der Weltöffentlichkeit gerückt, bei der wohl kaum jemand von Vorläufern wusste: der ironische Gruß an den Gegner, den amerikanische GIs auf ihre Bomben schrieben. Aber schon auf den antiken Bleikugeln, die mit Schleudern geworfen wurden, liest man bei den Römern. *Triff ihn hinten* oder *Triff den Pompejus*. Und bei den Griechen: *Nimm's hin, Mach's klar, Bette dich gut!*

Viele Hunde sind des Rasen Tod

Wir brauchen Sammlungen »wirklich neuer Sprichwörter«, lautet der Stoßseufzer von Wolfgang Mieder in einem Buch, das diesem Thema gewidmet ist. Aber beim Lesen seiner Beispiele stellt sich das Gefühl ein, dass neue Sprichwörter ganz überwiegend Variationen alter sind. Sprichwörter lassen sich offenbar nicht mehr ohne weiteres erfinden – nicht, weil es uns Heutigen an Grips fehlt, sondern eher an Zutrauen. An Zutrauen, etwas ›Schlaues‹ sagen zu können, wo sich ›Schlauheiten‹ schon so häufig so gründlich blamiert haben. Was noch geht, ist Reaktion auf die Blamage, Rache an der Irreführung. Die klassischen Aphoristiker haben es in ihrem Metier der Gedankenspiele vorgeführt. Als Nietzsche im Probeabzug eines seiner Bücher statt »weitsichtig« das Wort »weitsüchtig« fand, ließ er den Druckfehler begeistert stehen. ›Wahrheit‹ verdankt sich nicht dem Schreiben, sondern dem Verschreiben! So denkt man in einer restlos desillusionierten Moderne.

Wen wundert es da, dass neue Sprichwörter als Parodien von Sprichwörtern daherkommen, als Anti-Sprichwörter, wie es missverständlich meist heißt, obwohl das Anti-Sprichwort gegen vieles ist, aber nicht gegen das Sprichwort. *Viele Hunde sind des Rasen Tod* – damit befindet man sich auf der Höhe der Zeit, die anderes interessant findet als die ›Wahrheit‹, dass auch der schnellste Hase nicht gegen Hunde in Mehrzahl ankommt. Natürlich bedienen sich alle diejenigen gerne des Prinzips, die auf Aufmerksamkeit angewiesen sind. Aus der Werbung ist die Sprichwortparodie nicht wegzudenken. *Ein Bit in Ehren kann niemand verwehren* will auf eine Biermarke aufmerksam machen. Natürlich stehen Journalisten nicht nach. *Die Mutter aller Prozesse* stimmte (nach Rom als der *Mutter aller Städte*, aber wohl auch schon nach der *Mutter aller Kriege*, dem ersten Golfkrieg) die Leser einer Zeitung auf den Prozess gegen Saddam Hussein ein. Unter dem Titel *Beraten und verkauft* wurde der Skandal um Beraterverträge abgehandelt.

Aber nicht nur spontane Einfälle stehen am Anfang solcher Prägungen. Es gibt längst Spezialisten, die die Sprichwortparodie literarisch gemacht haben. In Deutschland gehören Werner Mitsch und Gerhard Uhlenbruck zu den Meistern, die schon in ihren Buchtiteln das Prinzip andeuten. *Fische, die bellen, beißen nicht*, heißt es einmal bei Mitsch, bei dem Medizinprofessor Uhlenbruck *No Body is perfect*.

Können Sprichwortparodien selbst wieder sprichwörtlich werden? Mieder kann für die *Hunde, die des Rasen Tod sind*, bis 1986 vier Belege in Sammlungen angeben. Und seine Liste ist lang: *Schiebung macht den Meister*, *Steter Tropfen höhlt die Leber*, *Nur tote Fische schwimmen mit dem Strom*, *Gelegenheit macht Liebe* – alle wurden wiederholt und als gängig gesammelt. Interessant, dass Mieders Bericht in Fragen des Urheberrechts mündet, und noch interessanter, dass dabei die gleichen Probleme auftreten, die man beim Sprichwort schon immer hatte: Neben der Abstammung von einem ersten Erfinder gibt es eben auch die Möglichkeit, dass zwei oder sogar noch mehr das Gleiche ›erfanden‹. Nur geht es dabei nicht um Erkenntnis, sondern um Geld.

Nach Rüstung kommt Krieg

Es hat Zeiten gegeben, in denen sich die Gelehrten noch nicht einig waren, ob »Sprichwörter« oder »Sprüchwörter« der bessere Begriff sei. Die Entscheidung fiel bekanntlich fürs Sprichwort – und machte den Weg frei für das, was man heute »Sprüche-Kultur« nennt. Was aber sind Sprüche?

Es gibt Menschen, die es aufgrund leidvoller Erfahrung lernten: als Graffito an ihrer frisch gestrichenen Hauswand. In den frühen 80er Jahren des letzten Jahrhunderts war das Phänomen aufgetreten und hatte die Gemüter entzweit. Während der ›Sprayer von Zürich‹ in der Schweiz zu einer neunmonatigen Haftstrafe verurteilt wurde, zeigte der Kölner Kunstverein Fotografien seiner Sprühbilder in einer Ausstellung. Während Verlage unter der Losung »Kann denn Sprühen Sünde sein?« oder »Überall ist Platz für einen guten Satz« Graffiti-Künstler und Sprüchetexter zur Einsendung ihrer Werke aufforderten, richtete die Polizei Sonderkommissionen zum Schutz der Bürger gegen Vandalismus ein. Sprüche hatten damals bereits Tradition, hingen mit den Protestbewegungen zusammen, die seit 1968 wie Wellen durchs Land gingen und mit Erfolg in literarisierter Form das Erbe des Aphorismus antraten. Aber erst der gesprayte Spruch machte jeden mit dieser Art von Kultur oder auch ›Kultur‹ bekannt.

Harald Kopperschmidt hat in einer brillanten Studie gezeigt, worin das Protestpotenzial dieser Sprüche lag. Es ging nicht um den spielerischen Umgang mit Sprache allein, wie er damals auch erfunden und bis ins Unerträgliche abgewandelt wurde: *Wer sich nicht wehrt, endet am Herd*, *Wir lernen nicht für die Schule, sondern für die Katz*, *Nonsens statt Konsens* (um von Gröberem und Peinlicherem zu schweigen). Es ging eher um eine Destruktion des Offiziellen, um das scheinbar nicht mehr Hinterfragbare – um Hellhörigmachen, um Verunsichern. Dazu aber dient das Verfremden des Gewohnten, das gezielte Missverstehen öffentlicher Sprachregelungen als Enttarnen von Beschönigungen oder faulen Kompromissen. *Nach Rüstung kommt Krieg*, hieß es als Antwort auf den Euphemismus der »Nachrüstung«, wobei schon das bloße Zerlegen eines Wortes in seine Bestandteile das Denken in Gang setzt.

Der Spruch, dies sieht man sofort, ist kein Sprichwort, zielt nicht auf Dauer, geschweige ›Ewigkeit‹. Sein Charakteristikum liegt in der Anspielung auf gerade Aktuelles, im ›Gegen‹ – der Spruch profitiert von einem *anderen* Spruch. Dies klingt nach Schwäche, übersieht aber, dass besonders Jugendliche den Spruch nicht nutzen wollen, um zu überzeugen, sondern eher dazu, Dialoge abzubrechen, zu verweigern – aus der Erfahrung heraus, dass man den Kürzeren zieht, wenn man sich auf die Erwachsenenwelt einlässt. Der Spruch will eher ›sprachlos‹ machen, eine Wirkung erzielen, die nach allen Erfahrungen die Kommunikation (mit der Erwachsenenwelt) nicht bietet. Man hat zu viel Leeres, zu oft bloße Phrasen gehört, jetzt antwortet man mit Mitteln, die die anderen sprachlos machen sollen: *Stell dir vor, es ist Krieg und keiner geht hin.* Auch so etwas kann man zum Sprichwort machen, nur wird es rasch banal, auch wenn man diesen Satz zu Unrecht als Zitat Bertolt Brechts ausgibt. Sprüche teilen das Schicksal der Stars – sie strahlen auf und verglühen.

Beim Besuch der Dame die Uhr aufziehen

Der große Deuter mittelalterlichen Denkens, Friedrich Ohly, hat auch einen Aufsatz zu unserem Thema geschrieben: *Das Sprichwort im Leben eines Dorfes.* Acht Monate vor Ausbruch des Zweiten Weltkriegs nahm er am Leben von Bauern in Holzburg bei Kassel teil und beobachtete ihre Sprache. Was er herausfand, entsprach dem, was er lebenslang an der christlichen Kultur des vormodernen Abendlandes zeigen sollte: die Verwurzelung in einer Sinngemeinschaft, Handeln aus dem Besitz von verbindlichen Normen. Dabei war Ohly alles andere als ein Schwärmer. Aber ihm war klar, dass die Umstellung auf Individualität, auf Selbstbegründung aller Normen einen Preis fordert – die berühmte ›Obdachlosigkeit‹, einfacher: Einsamkeit.

Das Sprichwort belegt dabei das genaue Gegenteil: Es verbindet, gibt allen, die es gebrauchen, die Sicherheit des ›Verstehens‹. Ohlys hessische Bauern setzen mit ihren Sprichwörtern in der Moderne die Vergangenheit fort. Dies aber zeigt sich besonders gut an einem Gebrauch, von dem bislang noch nicht die Rede war: beim dialogischen Sprichwort. Jemand beginnt mit *Wärs Bett macht de Morje, läbt de ganse Doak ohne Sorje* (Wer's Bett macht am Morgen, lebt den ganzen Tag ohne Sorge), und der andere fährt fort: *Joa, on bär doas verbaßt, hot de ganse Doak seng Last* (Ja, und wer das verpasst, hat den ganzen Tag seine Last). Auch hier also Kreativität und Spiel. Auf *Rot ist die Liebe* kann einmal – nach einem bekannten Lied – die schlagfertige Antwort kommen: *Joa, on grie schisse die Gäns!* (Ja, und grün scheißen die Gänse).

Am merkwürdigsten aber wirkt dieses Dialogische da, wo der andere Partner gar nicht auftritt und doch von jedem ›mitverstanden‹ wird. Eine Hausfrau fordert die beim Mittagstisch Sitzenden auf, die Schüsseln zu leeren: *Nu deelds uch!* (Nun teilt's euch!) Die Eingeweihten wissen, dass es sich um das Zitat ihres früheren Nachtwächters handelt, der keine Lust hatte, nach seinem Hornruf im Unterdorf auch noch ins Oberdorf zu laufen, und stattdessen den Spruch präsentierte. Wenn der Großvater nach dem üppigen Essen äußert: *Woas hodd'n de alle Roth gesäät?* (Was hat denn der alte Roth gesagt?), holt der Sohn die Schnapsflasche, weil jeder weiß, dass der Großvater einst gesagt hat, dass ein üppiges Essen ohne Schnaps nicht runtergeht.

In einer Welt, die sich des Sinns sicher ist, genügt die Andeutung nicht nur, sondern erfüllt perfekt die Anforderungen des Verstehens als Teilhabe, als Vergewisserung von Zugehörigkeit. Davon ist viel mit Anbrechen der Moderne untergegangen, aber es finden sich noch Relikte. Im Kant-Jahr 2004 ist in der Zeitung ein Beispiel zu lesen, das ausgerechnet den berühmtesten aller Aufklärer in den Mittelpunkt solch andeutenden Sprichwortgebrauchs rückt. Der notorische Junggeselle wurde von Maria Charlotta Jacobi umschwärmt. Seine Freunde rieten ihm, sie zu besuchen – und dabei die Uhr aufzuziehen. Dabei konnten sie sich darauf verlassen, dass Kant ›verstand‹, weil er den *Tristram Shandy* von Laurence Sterne kannte. Dort beginnt die Geschichte des Titelhelden mit seiner Zeugung. Zuvor aber hatte der Vater die Uhr aufgezogen.

Wie die Berber: zehn sprechen und einer hört zu

Als Noam Chomsky vor vierzig Jahren die Sprachwissenschaft revolutionierte, nahmen viele Rezipienten in erster Linie das technische Verfahren der grammatischen Analyse wahr: die Strukturbäume mit ihren mathematisierenden Formeln. Aber Chomsky war viel ehrgeiziger. Mehr als die Methode bedeutete ihm die Grundthese: die Universalität der Sprache. An der Oberfläche unterscheiden sich die Einzelsprachen, in der Tiefe nicht – weil der menschliche Geist überall derselbe ist. Gilt dies auch für alle anderen Ebenen der Verständigung? Wie ist es mit Bildern? Oder gar mit Sprichwörtern? Ist jedes Sprichwort so wie jeder Satz in jede Sprache zu übersetzen? Gibt es eine Universalität der Topik? Sprichwortforscher sind in diesem Punkt eher vorsichtig, wenn nicht skeptisch. Es gibt aber auch klare Befürworter – unter den Spezialisten für Übersetzung. Ernest W. B. Hess-Lüttich hat seine Gründe an Brecht-Übersetzungen ins Arabische und Niederländische exemplifiziert.

Dabei werden die Schwierigkeiten nicht geleugnet. Die Geschichte des Übersetzens ist voll von Beispielen des Misslingens, sogar im Falle der Aneignung von Shakespeare im Deutschen, wo es um zwei miteinander eng verwandte Sprachen geht. Bei einer Übersetzung vom Deutschen ins Arabische hat man es mit einander fast völlig fremden Kulturen zu tun. Trotzdem gibt es zunächst einmal Unterschiede des Schwierigkeitsgrads. *Ein gebranntes Kind scheut das Feuer* ist im Arabischen zwar mit »meine Finger sind davon verbrannt« nicht wirklich übersetzt, aber es gibt durchaus ein Äquivalent: »Der Gläubige lässt sich nicht zweimal von der Schlange beißen.« Bei *Eine Hand wäscht die andere* denkt man im Deutschen an den Erweis einer Gefälligkeit, während eine wörtliche Übersetzung ins Arabische als solidarische Kooperation verstanden würde. Das Äquivalent dagegen wäre: »Hilfst du mir beim Tragen, helfe ich dir beim Tragen.« Gelegentlich liegen die Bilder sehr weit auseinander, ohne dass es an Ersatz mangelte. Für *Zusammenhalten wie Pech und Schwefel* gibt es im Arabischen das Bild von »zwei Hintern in einer Unterhose«.

In wieder anderen Fällen sind die Schwierigkeiten noch größer. Was ist etwa zu tun im Falle von Wendungen, die in der Ausgangssprache archaisierend sind wie das lutherische *Wes das Herz voll ist, des geht das Maul über*? Und was bei Vulgarismen wie *Leck mich am Arsch*, die in der einen Kultur akzeptiert sind, in der anderen nicht? Was schließlich, wenn es selbst im Niederländischen kein Bild zu geben scheint für unser *Es wird überall mit Wasser gekocht*? Muss man zuletzt eben doch resignieren? Die Empfehlung von Hess-Lüttich geht in eine andere Richtung: die Schwierigkeiten zum Paradefeld eines schöpferischen Sprachbewusstseins machen, auf jeden Fall Aufnahme der Problematik in die Fremdsprachendidaktik. Der arabische Übersetzer, der *Man muss sich nach der Decke strecken* mit »Strecke deine Beine nach der Decke« übersetzte, hat eben einen (vermeidbaren) Fehler gemacht. Selbst für *Viel Geschrei und wenig Wolle* gibt es Passendes, wenn man nur lange genug sucht – »Wie die Berber: zehn sprechen und einer hört zu.«

Große Sammler

Beginn mit Aristoteles

Im Mittelalter, bei Thomas von Aquin zum Beispiel, hieß er nur »der Philosoph«. Denn Aristoteles hatte schlicht alles bearbeitet: die Moral wie die Physik, die Logik wie die Pflanzen, die Politik wie die Meteorologie. Dabei wird auch einmal das Sprichwort vorgekommen sein, könnte man denken. Aber es kommt besser. Wo Aristoteles den letzten Beweis dafür erbringen will, dass wir Menschen der Wahrheit fähig sind, beruft er sich auf den *sensus communis*, den *common sense*: auf das, was alle schon immer glauben. Und dies zeigt sich wo am besten? Eben, im Sprichwort. Bei der Seelenlehre, mitten in den wichtigen Erörterungen ihrer Unsterblichkeit, spielt es ebenso eine Rolle wie da, wo es um den Glauben an Gott geht.

Ganz konkret aber behandelt Aristoteles das Sprichwort in seiner *Rhetorik*. Und zwar taucht es auf bei den Beweismitteln, genauer: beim deduktiven Beweis. Während sich der induktive auf (konkrete) Beispiele stützt, verlangt der deduktive (allgemeine) Gründe. Zu solchen allgemeinen Gründen zählt die Sentenz, die scharf zusammengefasste ›Weisheit‹, die von klugen Einzelpersonen stammen kann, aber auch vom ›Volk‹ – dann handelt es sich um ein Sprichwort. Und Aristoteles' Sympathie liegt durchaus bei diesem Volk, auch wenn er den Gebrauch des Volkstümlichen den Erfahrenen, Weisen reservieren möchte. Ausdrücklich hebt er hervor, im Mund junger Spunde klängen Sprichwörter komisch, und bedauert den Tatbestand, dass die Ungehobelten die Sprichwörter am liebsten verwendeten.

Also ein eigenartiger Gegensatz: das Volkstümliche für die Gelehrten, nicht für das Volk! Die Gelehrten dürfen und sollen sogar abgedroschene Sprichwörter verwenden, weil die Zustimmung der Hörer so viel zählt. Dabei macht der große Philosoph das Funktionieren von Abgedroschenem an einem Beispiel deutlich, das einem heute die Haare zu Berge stehen lässt: *Ein Tor ist der, der den Vater umbringt und die Söhne am Leben ließ*. Lieber liest man da seine Unterscheidung in zwei Sorten: die lakonischen mit eleganter Scharfzüngigkeit und pointierter Kürze (die Apophthegmata) und die rätselhaften, auf Anspielung beruhenden (änigmatischen Sprüche). Und lieber lässt man sich auch die Psychologie des Sprichworts erklären. Der Zuhörer freue sich, wenn er hört, was er kennt. Der Verwender erscheine als jemand, der Bescheid weiß.

Einmal als rhetorisches Mittel gerechtfertigt, ist das Sprichwort dort verblieben. Der größte Fachmann der Antike, Quintilian, behandelt es ausführlich im Zusammenhang der Stilfragen. Er spricht von ihm als Zeugnis der Herzensmeinung, empfiehlt es als Glanzlicht, dessen Verwendung man – Aristoteles lässt grüßen – weder übertreiben noch den Knaben überlassen dürfe. Zu den alten Unterscheidungen liefert der große Redelehrer neue: Gnomisches (Sinnsprüche), Aperçuhaftes (Anspielungen), Pointen. Zu seiner Zeit (Ende des 1. Jahrhunderts n. Chr.) sei Überraschendes, Paradoxes besonders beliebt, gibt er zu Protokoll, aber auch, man übertreibe es gewaltig. Sein Beispiel für Geschmacklosigkeit: Nachdem ein Schiffbrüchiger sich an Land gerettet hat, muss er sich den Spruch anhören, *so möge er, den weder Land noch See wollten, hängen.*

Das Feuilleton avant la lettre: Erasmus von Rotterdam

Es war sein erstes großes Werk, das genau 1500 bei einem deutschen Drucker in Paris erschien: die *Adagiorum Collectanea*, eine Sammlung von 818 Sprichwörtern. Nach dem enttäuschenden Englandbesuch des jungen Wissenschaftlers, unter anderem bei dem noch jüngeren Thomas Morus, waren die Ersparnisse aufgezehrt, ein Erfolg bitter nötig. Warum nicht mit dem, was er am besten konnte: mit humanistischen Kenntnissen, mit Kommentaren zu den ›Alten‹? So, wie Leonardo da Vinci fast zeitgleich sich kaum darüber klar gewesen sein dürfte, dass sein Porträt einer Florentiner Dame mit dem Namen Lisa del Giocondo (besser bekannt als Mona Lisa) das erste moderne, weil ganz und gar individuelle Porträt wurde, war sich Erasmus kaum darüber klar, dass auch er eine neue Gattung literarischer Tätigkeit schuf: den Essay mit dem Charakteristikum der individuellen ›Aussage‹ eines Autors, das Feuilleton avant la lettre.

Das Feuilleton, von *feuille*, war im 19. Jahrhundert das ›Blättchen‹ im Gegensatz zum ordentlichen, systematischen (Zeitungs-)›Blatt‹, in ihm gab es die Freiheit zur Assoziation, zum persönlichen Urteil, zum Bocksprung des Denkens – genau das, was die Art der Kommentierung ausmachte, die Erasmus vorführt. Man hat beim Vergleich mit späteren Sprichwörtersammlungen betont, dass die *Adagia* den damaligen Humanismus in dem Sinne spiegelten, dass sein Autor Wurzeln aufdeckte, Parallelen hervorzog, Deutungen verglich. Das stimmt, aber trifft den Kern nicht. Die philologische Akribie ist nur das Unterfutter, das Gewand ist Anstand, Politik, Psychologie – alles das, was man den *mores* als den ›kleineren‹ Tugenden (im Gegensatz zu den ›großen‹ Tugenden der Moral) zurechnete und als Moralistik bezeichnete.

818 kleine ›Feuilletons‹, kleine Blättchen waren es im Jahre 1500, dann rollt die Lawine los. 1508, buchstäblich in der Druckerei des Aldus Manutius in Venedig entstehend, werden es 3260, die unter dem Titel *Adagiorum Chiliades* (Tausende von Sprichwörtern) erscheinen, 1533, bei der 27. Auflage, sind es schließlich 4251. Zu dieser Zeit hat der ›König der Humanisten‹ ein europäisches Publikum, jeder Gebildete kennt die *Adagia*. Hans Holbein d. J. lässt bei seinem Porträt Erasmus gerade vor diesem Buch sitzen – man kann auf seinem Schnitt jenes Wort von den »herkulischen Mühen« lesen, das Erasmus direkt auf sein Werk bezogen hat (das Porträt ist diesem Kapitel vorangestellt). An anderer Stelle bezeichnete er die Sprichwörter als kleine Gemmen, als komprimierte Weisheiten also, deren Kunst es zu bewundern gelte. Und noch etwas, was das Sprichwort kennzeichnet, ohne es zu definieren: sie gäben dem Geist Gelegenheit zu spielen. Nur muss man auch wissen, womit: mit Fürstenschelte sowie Kampf gegen Dummheit und Borniertheit.

Literatur aus Sprichwörtern: Till Eulenspiegel

Dass Sprichwörter literarisch verwendet werden, ist nichts Besonderes. Gerade in den Hochzeiten des Sprichwortgebrauchs im 16. und 17. Jahrhundert wimmelt es förmlich davon. Johann Fischart wirft in seiner *Geschichtklitterung* (1575) damit um sich. In der *Historia von D. Johann Fausten* (1587) gibt es ein Kapitel, in dem Mephistopheles dem »betrübten Faust« angesichts des Todes ausschließlich »mit seltsamen spöttischen Scherzreden und Sprichwörtern zusetzt« (zum Beispiel, dass *mit großen Herren schlecht Kirschen essen ist*). Im 17. Jahrhundert hat Abraham a Sancta Clara seine für ein Lesepublikum präparierten Predigten mit Sprichwörtern gewürzt. Wirklich aufgehört hat der Gebrauch nie. Ob Goethe oder Brecht – immer wieder erweisen sich Poeten als Sprichwortkenner und -benutzer.

Bei *Till Eulenspiegel* aber ist es noch etwas anderes. In diesem Volksbuch, das Hermann Bote im Jahre 1515 für einen der frühesten Drucke (ältere sind nur fragmentarisch erhalten) aus umlaufendem Erzählgut zusammengestellt hat, sind Sprichwörter regelrechte Handlungselemente. Nicht nur, dass ein Schwank zum Sprichwort wurde wie im Falle der 55. Historie, wo jemand *die Katze im Sack kauft*, obwohl er für einen Hasen bezahlt hat. Immer wieder drehen sich Schwänke um Sprichwörter, die auch als Titel verwendet oder im ersten Satz erwähnt werden. Berühmt aber ist dabei die Tendenz: Statt um Weisheit geht es um Betrug. Till Eulenspiegel, der übrigens im Jahre 1350 gestorben ist (also wirklich einmal gelebt hat), nimmt Sprichwörter wörtlich und narrt damit seine Gegenspieler.

Ein Musterbeispiel bietet die 52. Historie, wo sich Till im kalten Winter bei einem Kürschner verdingt, um in einer warmen Stube zu sitzen. Aber er ist den Gestank nicht gewöhnt, den die Felle ausdünsten, beschwert sich bei seinem Meister und wird belehrt, dass dies ganz natürlich sei. Da erinnert sich Till an das Sprichwort *Böses muss Böses vertreiben* und reagiert mit einem »sauren Furz«. Als sich nun der Meister seinerseits über den Gestank beschwert, erklärt Till diesen als »viel natürlicher«. Wie hier der Meister vor Tills Schlagfertigkeit kapitulieren muss, so bei anderer Gelegenheit der Herzog von Celle, der Till aufgrund seiner Streiche auf der Straße verhaften will. Da ersticht Till sein Pferd, stellt sich zwischen dessen vier Beine und beruft sich auf das Rechtssprichwort, dass man *Friede hat in seinen vier Pfählen.*

Man hat viel über diese Art der literarischen Verwendung diskutiert und dabei im Allgemeinen die These vertreten, es gehe um eine Entlarvung von zu selbstverständlich Gewordenem, also um Kritik am Sprichwort. Aber dies geht wohl fehl. Till Eulenspiegel belustigt mit seinen Streichen, zeigt, dass ein kluger Mann dem Reichsten und Mächtigsten Paroli bieten kann – auch mit dem Verdrehen von klugen Sprichwörtern.

Der Erzvater deutscher Sammlungen: Johann Agricola

Er gehört zu den weniger bekannten Vertretern der Reformation. Aus der gleichen Geburtsstadt Eisleben wie sein großes Vorbild stammend, war Johann Agricola zuerst Schüler, dann sogar Famulus (also rechte Hand) Luthers in Wittenberg, der den Kleingewachsenen liebevoll seinen »Grickel« nannte. Zwischen 1525 und 1537 baute der mit viel Erfolg die Schule in Eisleben auf, ehe er nach Wittenberg zurückkehrte, wo es zum Bruch kam über die Frage, ob ein Christ noch dem Gesetz (des Alten Testaments) unterworfen sei oder nicht. Währenddessen war die Sprichwörtersammlung erschienen: die erste Fassung 1529 (mit 300 Sprichwörtern), die Erweiterung (auf 749) noch im gleichen Jahr, die überarbeitete endgültige Form der *Sybenhundertvndfünfftzig Teutscher Sprichwörter verneuwert und gebessert* 1534. Sechs Jahre später nahm Agricola das Amt des Oberhofpredigers am Berliner Hof an und legte noch einmal nach: 1548 erschienen die *Fünfhundert Gemainer Newer Teutscher Sprüchwörter.*

Agricolas Sammlungen wurden ohne Frage von seinen Vorgängern angeregt, besonders von Erasmus. Aber Agricola wollte nicht mehr humanistische Interessen befriedigen, Spuren und Abhängigkeiten nachjagen, sondern sah in den Sprichwörtern nur noch einen Hort der Moral. Wahrheit in schlichtem Gewand gegen die sittliche Verrohung der Gegenwart, »einfältige schliche Worte« gegen »Finanzer und Betrüger«, wie er selbst formuliert, der Kürze wegen auch noch gut zu behalten. Vor allem aber: Der Blick auf die Antike sei nicht nötig, die alten Deutschen (nebst einigem aus der Bibel) hätten den neuen Deutschen am meisten zu sagen. Damit war die Auswahl entschieden.

Ein weiterer Akzent kam hinzu. Agricola ging es nicht nur um das Lob moralischen Handelns, sondern sogar noch mehr um den Tadel von unmoralischem. Und dabei fand er besonderen Gefallen an der Unmoral der Fürsten, besonders von Herzog Ulrich von Württemberg. In Nummer 115 der ersten Sammlung: *Wenn Gott ein Land strafen will, so gibt er ihm einen Tyrannen*, ist das Sündenregister aufgemacht und nebenbei Kaiser Maximilian als Vorbild hingestellt. Nur war der Kaiser katholisch, der Herzog aber evangelisch geworden. Der beklagte sich entsprechend, prozessierte. Noch verteidigte Luther seinen Schüler, hielt die Hand über ihn – bis der theologische Streit ausbrach. In völliger Kehrtwende bekämpfte Luther plötzlich die ganze Richtung: Wahre Sprichwörter, so schrieb er, hätten große Autorität, falsche (*frivola proverbia*) seien gefährlich. Luther, der große Liebhaber des Sprichworts, wendet sich gegen ›Tendenzen‹, gegen Politik, gegen Aktualität.

Dabei liegen die Verdienste Agricolas auf der Hand. Natürlich darf man ihm nicht die These von der Bravheit der ›alten Deutschen‹ abnehmen. Und so ›deutsch‹ ist das nicht, was er ans Licht zog – die Herkunft aus der Antike hat man in vielen Fällen nachgewiesen. Aber Agricola bietet eben als Erster die deutschen Fassungen. Und er macht das Sprichwort zum kulturpolitischen Kampfplatz. An der Anprangerung höfischer Laster hat er trotz schlechter Erfahrungen keine Abstriche gemacht. Mut hatte er, der »Grickel«.

Sammlung für den eigenen Gebrauch: Martin Luther

Wer einmal die kritische Ausgabe von Luthers Werken in 88 Foliobänden vor Augen gehabt hat, wird staunen, dass nach Abschluss noch ein Nachzügler herauskam: die *Sprichwörtersammlung*. Es handelt sich dabei um eine eigenhändige Handschrift von 34 Seiten, die lange in Privatbesitz war. Der Herausgeber, Ernst Thiele, geht von einer Entstehung seit etwa 1530 aus, wobei Nachträge eine lebenslängliche Beschäftigung bezeugen, die auch sonst gut zu Luther passt: Etwa 3000 Sprichwörter sind in seinen Werken belegbar, immer wieder hebt Luther ihre große Bedeutung hervor, selbst auf die Wand neben dem Ofen schrieb er einzelne auf. Des Erasmus Sammlung lobte er zeitlebens.

Der Zweck der Zusammenstellung von insgesamt 489 Sprichwörtern, zu denen es keine Kommentare gibt, ist völlig klar: Sie war für den eigenen Gebrauch bestimmt – für den Plan einer Edition existieren keinerlei Anhaltspunkte. Vermutlich notierte er aus dem Gedächtnis, was ihm einfiel, und trug immer wieder nach, was ihm begegnete. Es gibt also keine Ordnung, höchstens kleine Sammlungen zum gleichen Thema. *Es sind [bloße] Worte* steht neben *Die Gelehrten die Verkehrten* – Kritik an Phrasendrescherei also. Die schönste dieser kleinen Sammlungen ergibt sich beim Thema »Herz«. Man weiß, wie sehr Luther immer wieder darauf pocht, dass alles Handeln weniger im Verstand als eben im Herzen gründet, und so stehen sechs Zeugnisse dicht nebeneinander: *Das geht [nicht] von Herzen*, *Mein Herz sagt mir's*, *Es liegt mir auf dem Herzen*, *Es geht mir ins* [*ans*] *Herz*, *Das Herz entfällt ihm* [*fällt ihm in die Hose*], *Er hat ein/kein Herz.*

Beim Durchblättern des Ganzen fällt auf, dass Luther viele bis heute gebräuchliche Sprichwörter aufnahm, darunter in Versionen, die den ursprünglichen Sinn noch gut beleuchten. *Eine Sache von einem alten Zaun brechen* gehört dazu, womit gemeint ist, dass jemand nicht viel überlegt, sondern den nächst erreichbaren Grund für einen Streit wählt. In anderen Fällen wissen wir, dass Luther gängige Sprichwörter in seine Attacken gegen Widersacher einbaute: *Gleich zu gleich gesellt sich gerne* zum Beispiel gegen die »falschen Brüder« und »giftigen Kröten« in der Kirche. Mit *Er hat sich verbrannt* ist öfter der Teufel gemeint, der sich an Christus (die Finger) verbrannt habe.

Aber es gehören eben auch die Deftigkeiten dazu. Noch harmlos das *Er hat Hummeln im Arsch* oder *Wer es riecht, aus dem es kriecht*. Unterm Stichwort »scheißen« findet sich unter anderem: *Der wollt gerne scheißen, wenn er Dreck im Bauch hätte*. Zu *Er hat sich beschissen* hat Luther selbst einmal die Anwendung auf den (sogenannten heiligen) »Rock in Trier« gemacht – als »meisterlichen Beschiss«. Auch sonst fehlt wenig aus dem Reich des Fäkalischen: Vom *Dreck-Scheiß* bis zum *Pissen gegen den Wind* reicht die Palette. Ein Thomas Mann ließ sich bei aller Bewunderung für die Sprachgewalt des Reformators von Derartigem bekanntlich verschrecken. Die meisten Leser nahmen es dagegen immer als Zeugnis der Geradlinigkeit des Reformators.

Attacke auf das Sprichwort: Ernst Meisner

Schade, dass wir so gut wie nichts über ihn wissen. Sein Name, Ernst Meisner, ist ein Pseudonym, im Fachlexikon aufgelöst als Johann Erhard Michaelis. Aber selbst die größten biographischen Nachschlagewerke erfassen diesen Michaelis nicht. Dabei blieben seine *Einhundertdreiunddreißig Sprüch-Wörter* (1705) bekannt. Eiselein zitiert sie 1838 unter dem Namen Michaelis, Wander 1870 unter Meisner. Das Zentralantiquariat der ehemaligen DDR veranstaltete 1974 einen fotomechanischen Nachdruck, leider ohne jeden Kommentar. Das Buch fiel der Journalistin Monika Goetsch in die Hände und bestärkte sie in einem Beitrag des *Sonntagsblattes* (vom 6. Juni 1997) in der Idee, die Jahrtausendwende zum Anlass zu nehmen, das Sprichwort abzuschaffen. Sprichwörter seien »kleine, klumpige, gehässige Teufel«, »verbündet mit dem Über-Ich« und seiner »grausamen Befehlsgewalt«, um »Wurzeln im Geist« zu schlagen, »Wurzeln des Übels« natürlich – all dies demonstriert an *Morgenstund hat Gold im Mund* beim »müden Grauen eines feuchten, ungern begonnenen Wintertages«.

Schön, dass es so etwas noch gibt, hält es doch die Diskussion wach. Nur führt die Berufung auf Meisner in die Irre. Denn dieser Sprichwortjäger jagte nicht die Sprichwörter an sich, sondern eine bestimmte Sorte: »gotteslästerliche, gottlose, schändliche und schädliche, auch unanständige und teils falsche«, die er allesamt widerlegte, um »dem Unverstande der Welt zu begegnen und zu besserem Verstande zu bewegen«. In der Einleitung übt Meisner Schulterschluss mit Kollegen, die sich »Zungensünden« anderer Art, Fluchen insbesondere, angenommen haben, um gegen »Satans Reich« vorzugehen. Vor welchen Sprichwörtern aber hatte Meisner Angst?

Morgenstund hat Gold im Mund gehört nicht dazu, wohl zum Beispiel *Gedanken sind zollfrei.* Damit würden »verborgene Lüste« und »Zweifel in der Religion« bemäntelt, heißt es. Bei *Wer unter den Wölfen ist, muss mitheulen* erfahren wir etwas über Leute, die in schlechte Gesellschaft geraten, wo man »ungebührlich lacht, schändlich scherzt, gottlos spielt, unzüchtig tanzt, bestialisch säuft« – und ausgelacht wird, wenn man nicht mitmacht. Auch bei *Wenig schadet wenig* steht das Trinken im Mittelpunkt: »Ein Räuschgen gehet wohl hin, spricht mancher, was ist's um einen Rausch, wenn ich mich nur nicht blind voll saufe?« Was natürlich ein völlig falscher Gedanke sei.

Und so geht es denn weiter mit den Warnungen, gelegentlich sehr konkreten. Bei *Wie man in den Wald schreit, so schallt es wieder heraus* soll man den »Hundsfott« geduldig hinnehmen. Bei *Aus den Augen, aus dem Sinn* sollen Ehegatten ihren verstorbenen Partnern wirklich nachtrauern und nicht bloß demonstrativ nachheulen (»indem etliche [...] bei Lebzeiten ihrer Ehegatten schon etwas Frisches in der Bestallung gehabt«). Irgendwie muss unserem Sprichwortjäger selbst die Lust am Kritteln vergangen sein, jedenfalls werden die Kommentare immer kürzer. Zu Nummer 107 sind ihm nur noch knapp zehn Zeilen eingefallen. Und bei diesem Sprichwort hätte er doch wirklich ausholen müssen: *Kurze Predigten und lange Bratwürste haben Bürger und Bauern gerne.*

Plädoyer für Lehnsprichwörter: Gotthold Ephraim Lessing

Man hat oft betont, dass die große Zeit des Sprichworts das 16., 17. Jahrhundert war. Die Aufklärung soll der Blüte den Garaus gemacht haben. Aufklärer argumentieren, Einfaches gilt ihnen als simpel. Aber immerhin gibt es Lessing. Gewiss, Lessing legte keine Sammlung zigtausender Sprichwörter an wie seine barocken Vorgänger. Aber auch Lessing sammelte – 34 Stück. Bevor davon die Rede sein soll, eine Vorbemerkung.

Lessing-Interpreten war schon immer die Liebe ihres Helden zum Sprichwort aufgefallen. Es gibt Beispiele über Beispiele, wo Lessing Sprichwörter in seine Dichtungen einflicht. Gelegentlich sind es uns heute kaum geläufige wie *jemanden mit seinem eigenen Fett beträufeln* oder *dem Mönch ein Kleid machen*. Aber auch gute Bekannte sind darunter: *Eine Hand wäscht die andere* oder *Bohre das Brett, wo es am dicksten ist*. Als wolle er ausdrücklich bekunden, dass er sich des Sprichworts nicht schäme, kommen öfter Hinweise vor wie »mit dem Sprichwort zu reden« oder auch: »sagt das Sprichwort«. In *Nathan der Weise* heißt es gar: »[…] Lügt / Das Sprichwort wohl; dass Mönch und Weib, und Weib / Und Mönch des Teufels beide Krallen sind?«

Und dann die Sammlung. Renate Bebermeyer hat auf sie aufmerksam gemacht und gezeigt, dass sich Lessing für die Entlehnung von Sprichwörtern aus unseren Nachbarsprachen einsetzte und dabei auch mit gutem Beispiel voranging. Aus der Sammlung *Out-*

landish Proverbs, London 1640, wählte er 34 Sprichwörter aus und gab recht wörtliche deutsche Übersetzungen. Offensichtlich waren es die ungewohnt-ungewöhnlichen Bilder, die Lessing gefielen: *Liebe deinen Nachbar, aber reiße den Zaun nicht nieder* etwa oder *Denke auf faule Tage und arbeite darauf los.* In ungefähr der Hälfte der Fälle war die Bildlichkeit allerdings (auch damals) so weit vom Gewohnten entfernt, dass ein Verständnis schwer fällt: *Dem Hunde, der Asche leckt, vertraue kein Mehl* etwa, und noch mehr: *Des Apothekers Mörser verdirbt des Kunstpfeifers Musik.*

Aber man staunt dann doch, wenn sich zeigt, dass bis auf zwei Fälle sämtliche Lessingschen Kandidaten in großen Sammlungen des 19. Jahrhunderts (ohne Kenntnis von Lessings unveröffentlichter Sammlung) auftauchen. Sie haben es also irgendwie geschafft, die Entlehnung hat erst einmal geklappt. Nur durchgehalten hat dann doch keine einzige. Aufklärer besitzen einen guten Geschmack, aber auch einen exklusiven. So ganz unberechtigt ist der Stoßseufzer also nicht, dass die große Zeit der Sprichwörter im 18. Jahrhundert vorbei war.

Sammler mit Talent zur Neuschaffung: Johann Wolfgang Goethe

Goethe ist in Deutschland für alles gut – warum also nicht auch fürs Sprichwort? Nur muss man zugeben: Er war wirklich einer seiner größten Liebhaber. Von Anfang an benutzt er es in seinen Werken bzw. fügt ihnen komplette Sammlungen ein. In *Dichtung und Wahrheit* bekennt er sich zu seinem Faible. Die noch erhaltenen Ausleihlisten aus der Weimarer Bibliothek belegen sein Studium. In Briefen, in seinen Tagebüchern, im Gespräch ist es stets zur Hand. »Der erste Undank ist besser als der letzte«, schreibt er am 5. Oktober 1787 an Knebel und nennt es ein »probates Sprichwort, das man nicht genug vor Augen hat.« Was wollte dieser Entdecker des Individuums, der Erfinder des Geniebegriffs, der Anwalt der Ausdruckskunst mit dem volkstümlichen Sprichwort?

Am Anfang steht die Charakterisierung von Figuren. Götz von Berlichingen und seine Umgebung vertreten die moralische Geradlinigkeit gegen die intrigante Welt des Adels unter anderem mit Sprichwörtern: *Ein Prophet gilt nichts in seinem Lande*, *Wo viel Licht ist, ist starker Schatten*, *Ein Wolf ist einer ganzen Herde Schafe zuviel. Der geschenkte Gaul*, *Aus den Augen aus dem Sinn* etwa begegnen im *Faust*.

So weit die Einarbeitung. Interessanter aber ist die ›moderne‹ Aneignung, die in der Umformung liegt. In *Dichtung und Wahrheit* berichtet Goethe über Wettstreite im Elternhaus, wo er mit seiner Schwester Sprichwörter des Vaters mit Gegensprichwörtern beantwortete, das hofkritische *Lang bei Hofe, lang bei*

Höll! etwa mit *Dort wärmt sich mancher gute Gesell!* Im Alter findet er Gefallen an Reimfassungen für die volkstümlichen Wendungen und betont in den Sammlungen *Sprichwörtlich, Gott, Gemüt und Welt* und *Epigrammatisch* (1815) die Freude an der Umformung:

Diese Worte sind nicht alle in Sachsen
Noch auf meinem eignen Mist gewachsen,
Doch was für Samen die Fremde bringt,
Erzog ich im Lande gut gedüngt.

Sammlung, Umformung und Neuschöpfung ›im Geist‹ der Sprichwörter gehen dabei Hand in Hand. Im *West-östlichen Divan* wie im *Wilhelm Meister* nehmen sie jeweils ein ganzes Buch ein.

Am interessantesten aber stellen sich die Auseinandersetzungen mit dem Sprichwort dar – bis hin zum Anti-Sprichwort. Im *Faust* etwa heißt es gegen die übliche Wendung, dass aus Freude Leid entsteht: *Freud' muss Leid, Leid muss Freude haben.* In den *Wahlverwandtschaften* findet sich: »*Aller Anfang ist schwer!* Das mag in einem gewissen Sinne wahr sein; allgemeiner aber kann man sagen: aller Anfang ist leicht, und die letzten Stufen werden am schwersten und seltensten erstiegen.« Schließlich die unbekümmertste Verwendung wieder einmal in *Dichtung und Wahrheit* anlässlich der Abwendung von Corneille und Racine: »Durch alles dieses ward ich verworrner als jemals, und nachdem ich mich lange mit diesem Hin- und Herreden, mit dieser theoretischen Salbaderei des vorigen Jahrhunderts gequält hatte, schüttete ich das Kind mit dem Bade aus, und warf den ganzen Plunder von mir.«

Romantik versus Systemgeist: Johann Michael Sailer

Mitten in der Krisenzeit der napoleonischen Kriege, als Graf Montgelas Bayern zu einem straff organisierten absolutistischen Königreich machte, erschien eine Sprichwörtersammlung unter dem Titel *Die Weisheit auf der Gasse* (1810). Der Autor, Johann Michael Sailer, war Theologieprofessor, von Montgelas persönlich nach Ingolstadt und dann Landshut geholt: ein ausgewiesener Pädagoge, noch dazu im alten Regime aufgrund von klerikalen Intrigen entlassen. Nur erfüllte Sailer die Hoffnungen des Aufklärerkreises in München so wenig, wie er zuvor als Professor an der zu Augsburg gehörenden Universität Dillingen genügend Romtreue an den Tag gelegt hatte. Er wurde wieder Opfer von Intrigen, bis ihn sein einstiger Schüler, Kronprinz Ludwig, für die letzten drei Lebensjahre (bis 1832) zum Weihbischof in Regensburg machte.

Die *Weisheit auf der Gasse* ist dabei ein gutes Zeugnis für jene Geistesströmung, die Männer wie Graf Montgelas beargwöhnten. In katholischem Gewande kündigte sich gegen die Aufklärung die kommende Romantik an. Gegen Rationalismus und Systemgeist wird eine Vernunft, sogar eine »Universalvernunft«, geltend gemacht, ›Tiefe‹ gegen ›Spekulation‹ gestellt. Auf den Schock der Triumphe, die die modernen Naturwissenschaften ebenso auslösten wie die Kantische Philosophie, antwortet ein Vertrauen auf den gesunden Menschenverstand, der alle Zeiten und Völker überdauere. Buchstäblich aus der ›Tiefe‹ der Geschichte soll ›tiefe‹ Weisheit einen Halt bieten gegen eine Moderne, die sich zu überschätzen drohe. Der Garant all dessen aber ist das Sprichwort.

Das Erstaunliche an der Sammlung dieses Theologen liegt freilich weniger in der ganz und gar zeitbedingten ›Philosophie‹ des Sprichworts, die uns heute eher naiv erscheint. Das Erstaunliche liegt vielmehr in der systematischen Präsentation des Stoffs. Sailer hat, darin eher frühaufklärerisch-popularphilosophischen Traditionen folgend, die verschiedenen Aspekte des Sprichworts säuberlich katalogisiert. So behandelt er das »Gepräge« des Sprichworts, womit er zum Beispiel die Darstellung des Allgemeinen im Besonderen meint, zeigt, wie dieses Besondere gerne an Tieren gewonnen wird, wie das Sprichwort Witz oder Paradox verwendet, Formeln (*wie – so*, *wer – der*) benutzt. Bis ins Kleinste sind die Inhalte zergliedert: Naturkunde, Menschenkunde, Weltkunde; Fragen der Religion, der Politik, des Seelenlebens; schließlich Einzelheiten zu Klugheit, Erziehung und sogar Arzneikunde. Dass *ein Vielfraß nicht geboren, sondern erzogen wird*, steht natürlich bei der Erziehung. Über die Wirksamkeit von Holunder wird man bei den Arzneisprichwörtern informiert.

Damit nicht genug der Systematik, behandelt Sailer auch sprichwörtliche Redensarten, Denksprüche und widmet ein eigenes Kapitel der Verhütung des Missverstehens und Missbrauchs von Sprichwörtern, worunter zum Beispiel die Infamien gegen das weibliche Geschlecht fallen. Viel Resonanz hat diese eigenartige Mischung von Aufklärung und früher Romantik nicht ausgelöst. Zu sehr saß Sailer wieder einmal zwischen sämtlichen Stühlen.

Aufbruch ins wissenschaftliche Zeitalter: Josua Eiselein

Es ist kein Riesenwerk, was Josua Eiselein 1838 vorlegte, mit 668 Seiten nur ein starkes Buch, aber ganz gewiss ein ›starkes‹ im übertragenen Sinne. Was in der Einleitung an Gedanken zusammengetragen wird, widersprach in vielem dem Zeitgeist, überschreitet romantische Ideen in Richtung trockener, aber spannender Wissenschaft. Die Definition, der »Begriff«, steht am Anfang, der das »Wesen« fassen soll, und das Ergebnis lautet: »Das Sprichwort ist daher ein mit öffentlichem Gepräge ausgemünzter Satz, der seinen Kurs und anerkannten Wert unter dem Volke hat.« Noch sieht man wohl nicht die Pointe: Das Sprichwort ist *nicht* das »Erzeugnis des gemeinen Volkes oder Pöbels«, vielmehr empfängt das Volk das Sprichwort »zu Lehen«, heißt es später. Und für den, der es damals immer noch nicht verstand: Der Wert des Provinziellen und des Dialekts sei bislang »zu hoch angesetzt« gewesen.

Also das Sprichwort als »Schatz« des Volkes, in dem sich der »Sprachgeist« ausdrückt, aber keine Illusionen hinsichtlich der Entstehung! Verstand, Urteil und Witz verdanken sich ebenso wenig dem Pöbel wie »den allzu verfeinerten Ständen«. Die Einfalt, in der hohe Gedanken ausgedrückt sind, ist eine kunstvolle Einfalt, die des genialen Schöpfertums bedarf. Wo nicht die Antike vorangeht, waren es die mittelalterlichen Dichter, die Minnesänger wie die Vertreter der Spruchweisheit. Und immer wieder stößt man auf große Namen als Präger und Verwender, auf Shakespeare zum Beispiel. Die Sammlungen der Vergangenheit spiegelten dies nur unvollkommen: Agricola sei oberflächlich gewesen, der Konkurrent Wilhelm Körte, der Eiselein ein einziges Jahr zuvorkam, eine Katastrophe. Vieles biete er in »elendester und verdorbenster Form«, heißt es, nichts sei wirklich erklärt.

In der zweiten Einleitung, zu Plan und Zweck des Ganzen, sind dann die Maßstäbe genannt, die dem eigenen Versuch zugrunde liegen. Was schon der Untertitel zum Ausdruck brachte (»zum erstenmal aus den Quellen geschöpft«), wird nun im Einzelnen gerechtfertigt. Der Sinn kann nur über die Abstammung erfasst werden, der Baum ist entscheidend, und zwar mit seinen Wurzeln, die man »reiner« in der Schrift als »im wandelbaren Worte« finde. Und dann die weiteren Thesen: Die Sprichwörter enthalten keine Sittenlehre, keine Moral. Sie belegen vielmehr Verstand, Klugheit, Witz, Schalkheit, Laune, Mutwillen – will sagen: Es geht um die Praxis jenseits einer Moral, die 1838 so abstrakte Höhen erreicht hat, dass sie das wahre Leben nicht mehr erreicht. Weiterhin geht es um den »großen Reichtum«, also wieder nicht um Prinzipien, sondern um »Facetten«. Und schließlich berücksichtigt Eiselein das, was letztlich jeden modernen Zugriff prägt: den »Gebrauch«, wozu Erasmus als Eideshelfer angerufen wird, der Recht gehabt habe mit seiner These, dass jeder gerne höre, was er auf Anhieb verstehe.

Trocken ist die Argumentation, aber nicht langweilig – und nicht zuletzt Neuem zugetan. *Die Pfarrer bauen den Acker Gottes, die Ärzte den Gottesacker*, ist in die Sammlung aufgenommen und natürlich belegt: »ein Witzwort Lichtenbergs«.

Die populärste Sammlung bis heute: Karl Simrock

Als man sich im Reclam Verlag überlegte, mit welcher Sammlung sich am besten das deutsche Sprichwortgut repräsentieren lasse, entschied man sich für die *Deutschen Sprichwörter* von Karl Simrock (1988). Das Werk war damals 147 Jahre alt, erfasst also lediglich die Tradition bis ins 19. Jahrhundert. Aber dieser klassische Schatz lag in einer Form vor, die die Wahl leicht machte: 12 396 Sprichwörter nach dem Alphabet ihres Hauptstichworts, das Ganze unkommentiert und deshalb in einem nicht zu dicken Band vereinigt. Im Vorwort gibt Simrock an, er wolle angesichts einer immer abstrakter werdenden »Bücher- und Rednersprache« »die körnige Kraft des sprichwörtlichen Ausdrucks« in Erinnerung rufen.

Nur zwei Bemerkungen zur Einordnung dieses Werks. Die eine bezieht sich auf den Autor beziehungsweise Sammler. Simrock hatte in Bonn Jura studiert und war 1828 in Berlin Referendar am Kammergericht geworden. Wegen seiner (dichterisch ausgedrückten) Begeisterung für die Juli-Revolution von 1830 wurde er jedoch entlassen und zog sich auf das Weingut Menzenberg bei Bonn (am Fuß des Siebengebirges) zurück. Dort widmete er sich der Herausgabe mittelalterlicher deutscher Literatur in Übersetzungen, die ihm 1850 eine Professur für deutsche Sprache und Literatur an der Bonner Universität eintrugen. Schon damals waren das *Nibelungenlied*, die Lyrik Walthers von der Vogelweide, Wolframs von Eschenbach *Parzival* fertig. Über die Herausgabe der *Deutschen Volks-*

bücher (die es auf insgesamt 58 Bände bringen sollten) kam er mit Jacob und Wilhelm Grimm in Kontakt, die trotz ihrer Abneigung gegen Übersetzungen Simrocks Gelehrsamkeit schätzten und mit ihm lebenslang brieflich im Austausch blieben. Obwohl Simrock auch als Shakespeare-Übersetzer hervortrat, blieb das Volkskundliche seine Hauptleidenschaft: Er edierte Sagen, Märchen, Legenden, Volkslieder, Weihnachtslieder und – 1870 – auch Kriegslieder.

Die andere Bemerkung bezieht sich auf die Präsentation der Sprichwörter. Erasmus von Rotterdam hatte 1500 mit seiner umfangreich kommentierten Ausgabe begonnen. Die erste unkommentierte Massensammlung (mit 21 643 Sprichwörtern) brachte 1605 Friedrich Petri (Peters) heraus: *Der Deutschen Weisheit*. Petri hielt eine Kommentierung für überflüssig, ja schädlich, weil der Leser Neues kennen lernen und nicht durch Kommentare »aufgehalten« werden wolle. Tatsächlich machte dies Schule. Christoph Lehmanns noch umfangreicheres Werk *Florilegium politicum* von 1630 wurde sogar populär. Das 18. Jahrhundert pflegte das Sprichwort weniger, mit Josua Eiseleins im Prinzip wissenschaftlicher Präsentation wird die Kommentierung wieder unabdingbar. Genau dazwischen liegen Simrocks *Deutsche Sprichwörter*, der zwanzigste Band seiner *Deutschen Volksbücher*. Es wurde sofort in dem Sinne populär, wie er es sich erhoffte – das Nachschlagewerk im Zeitalter der Abstraktion. Das ist auch heute keine schlecht gestellte Aufgabe.

Der größte Sammler aller Zeiten: Karl Friedrich Wilhelm Wander

Fünf Foliobände in raumsparendem Spaltendruck bei kleinstmöglicher Type präsentieren rund 250 000 Sprichwörter und (mit Sternchen versehen) sprichwörtliche Redensarten. Sie sind alphabetisch geordnet nach den Hauptschlagworten, mit Quellenangabe, Parallelen aus den europäischen Sprachen (wenn man all dies einbezieht, kommt man auf etwa 400 000 Einträge) und, wo nötig, mit kurzen Erläuterungen versehen. Wer hat das auf welche Weise geleistet?

Die Antwort erstaunt beinahe noch mehr als das Riesenwerk dieses *Deutschen Sprichwörter-Lexikons*. Zusammengetragen wurde alles von einem Einzelkämpfer, einem oberschlesischen Lehrer, der 1849 als Demokrat und damit ›Radikaler‹ seines Amtes enthoben wurde, für ein Jahr nach Amerika floh, in die Heimat zurückkehrte und sich fortan mit Schriftstellerei über Wasser hielt (unter anderem mit einem Ratgeber für Auswanderer), vor allem aber bis zu seinem Lebensende 1879 eines tat: Sprichwörter sammeln. 1867 erschien (drei Jahre nach Büchmanns *Geflügelten Worten*) bei Brockhaus der erste Band, den letzten von 1880 wird er in den Druckfahnen noch gesehen haben.

Ein ›Radikaler‹ demnach als größter Sprichwörtersammler aller Zeiten. Die Preußen hatten sich nach ihren Maßstäben durchaus nicht geirrt, als sie ihn so einschätzten. In seinem *Taschenkalender für das Volk* ist die Rede von Revolutionären, die – »wie die Würmer im faulen Holze dick und fett geworden« – jeden Zustand als »Anarchie« bezeichnen, in dem nicht »vollkommene Kirchhofruhe herrscht«. Und mundtot machen ließ sich auch der Entlassene nicht. Das *Politische Sprichwörterbrevier* von 1872 gibt tagebuchartig entstandene Kommentare zu Sprichwörtern wieder, von denen viele seiner Meinung nach »in einen Katechismus für Philister« gehörten. Und dafür sollte er fünfzig Jahre seines Lebens geopfert haben?

In der Vorrede zum ersten Band sind andere Töne angeschlagen. Die Sprache sei das »Herz des Volkes«, heißt es, und die Sprichwörter die »Adern, die das Blut nach allen Teilen des Körpers leiten«. Sie zeigten den »Charakter« des Volkes, dessen »Art zu sehen und zu fühlen«. Dazu gehört auch das Spießertum, das Wander genauso wenig versteckte wie Antisemitisches, das er mit dem sympathischen, aber leider auch naiven Argument aufnahm, die »Schmähungen« würden auf diejenigen zurückfallen, »die sie ausgesprochen haben«. Es ging ihm wirklich ums Ganze, um alle Sprichwörter, um den »Schatz«. Schriftliches und Mündliches, darunter Selbstgehörtes und ihm (auf seinen Aufruf hin) Zugetragenes gehörte dazu. Selbst für Anstößiges fand er die Erklärung, dass sein Werk kein »Sittenbuch« darstelle, sondern der Wissenschaft diene.

Natürlich musste Wander Kriterien festlegen für das, was er aufnahm. Es wird heute irritieren, wenn nicht einmal der häufige Gebrauch entscheidet, sondern das ›Sprichwörtliche‹ am Sprichwort. Und was ist das? Die Antwort lautet: Was der »Sprichwörter-Instinct« dem Kenner sagt, denn der verfügt über das entscheidende Organ: das »Sprichwörterohr«. Er war eben auch ein Romantiker, dieser ›Radikale‹.

Statt eines Literaturverzeichnisses

Die Literatur zum Sprichwort dürfte zum Umfangreichsten gehören, was es zu einem Thema vergleichbarer Art gibt. Die schon ältere Sprichwörter-Bibliographie von Otto E. Moll (Frankfurt a. M. 1958) zählt 9000 Titel auf. J. Werner hat in einer ausführlichen Rezension noch zahlreiche Ergänzungen gebracht (*Zeitschrift für Volkskunde* 57 und 58, 1961 und 1962). Im Folgenden kommen nur Hinweise infrage.

In Deutschland existiert als Forschungszentrum das 1967 von Lutz Röhrich gegründete Institut für Volkskunde in Freiburg. Daraus ging die große kommentierte Sammlung hervor, das *Lexikon der sprichwörtlichen Redensarten*, Freiburg i. B. 1973 (in immer wieder neuen Ausgaben). Überschneidungen gibt es mit dem geflügelten Wort, dessen Sammler Georg Büchmann war: *Geflügelte Worte. Der klassische Zitatenschatz des deutschen Volkes* (Frankfurt a. M. / Berlin 1986 sowie in vielen anderen Ausgaben). Von weiteren Hilfsmitteln sei genannt: *Zitate und Aussprüche*, hrsg. von Werner Scholze-Stubenrecht, Mannheim [u. a.] 1993 (Duden, Bd. 12).

An der Spitze der Forschung muss Wolfgang Mieder genannt werden, der aus dem Freiburger Kreis hervorgegangen ist und dann als Professor in Vermont (USA) lehrte. Von ihm allein liegen rund 100 Bücher und 200 Artikel vor. Als besonders wichtig seien genannt: *Das Sprichwort in der deutschen Prosaliteratur des neunzehnten Jahrhunderts*, München 1976; *Deutsche Sprichwörter in Literatur, Politik, Presse und Werbung*,

Hamburg 1983; *Sprichwort – Wahrwort? Studien zur Geschichte, Bedeutung und Funktion deutscher Sprichwörter,* Frankfurt a. M. [u. a.] 1992; *Der Klügere gibt nicht nach. Sprichwörtliche Aphorismen von Gerhard Uhlenbruck*, Köln 2003 [darin Vita und Bibliographie]. Zum Arbeitsstil von Mieder gehört es, die Geschichte von Sprichwörtern mit möglichst lückenlosen Belegen aufzudecken. Großangelegte Studien zur Theorie des Sprichworts hat es zu Beginn des 20. Jahrhunderts gegeben. Dazu gehört die *Deutsche Sprichwörterkunde* von Friedrich Seiler (1922, Nachdr. München 1967) und Archer Tayler, *The Proverb*, Cambridge (Mass.) 1931 (Nachdr. mit Einleitung und Bibliographie, hrsg. von Wolfgang Mieder, Bern 1985). Ein neuer Versuch dieser Art liegt im Augenblick nicht vor (als Zusammenfassung dienlich: Lutz Röhrich / Wolfgang Mieder, *Sprichwort*, Stuttgart 1977). Dafür gibt es eine Flut von Einzeluntersuchungen, aus der nur diejenigen Titel genannt seien, die den voranstehenden Ausführungen in besonderem Maße zugrunde lagen.

Bei den psychologischen Sprichwörtern ist in zwei Fällen Mieders *Sprichwort – Wahrwort?* benutzt (*Die großen Fische fressen die kleinen* und zur Problematik der neuen Sprichwörter). Zu *Morgenstund hat Gold im Mund* vgl. Mieder, »*Andere Zeiten, andere Lehren*«, in: Kathrin Steger (Hrsg.), *Wortverbindungen – mehr oder weniger fest*, Berlin 2003, zu *Was Hänschen nicht lernt* dessen Kommentar im *Sprachspiegel* 39 (1983). Weiterhin habe ich herangezogen: Pierre Bourdieu, *Die zwei Gesichter der Arbeit*, Konstanz 2000 (*Morgen wartet das Grab*); Edmund I. Gordon, *Sumerian Proverbs. Glimpses of everyday life in ancient Me-*

sopotamia, Philadelphia 1959 (*Du bist nicht irgendwo*); Karlheinz Daniels, *Geschlechtsspezifische Stereotypen im Sprichwort*, in: *Sprache und Literatur in Wissenschaft und Unterricht* 68 (1986; *Als Gott den Mann erschuf*).

Bei der Welt der Moral spielen die Bücher von Hans Blumenberg eine Rolle, besonders *Die Sorge geht über den Fluss* (Frankfurt a. M. 1987). Zu *Wir sitzen alle in einem Boot* gibt es außer Mieders Beitrag in *Sprichwort – Wahrwort?* die Untersuchung von Dietmar Peil: *»Im selben Boot«*, in: *Archiv für Kulturgeschichte* 68 (1986). Die Ausführungen zu *Alles hat seinen Preis* verdanken sich Theodor W. Adorno, *Minima Moralia*, Frankfurt a. M. 1951, zu Bertolt Brecht der Untersuchung von Allen Woods: *The Function of Proverbs in Brecht*, in: *Monatshefte* 61 (1969).

Sprichwörter zum Recht waren schon immer ein Sonderfall. In Deutschland haben wir als Spezialistin Ruth Schmidt-Wiegand, aus deren zahlreichen Studien genannt seien: *Deutsche Rechtsregeln und Rechtssprichwörter*, München 1996, sowie: »Sprichwörter und Redensarten aus dem Bereich des Rechts«, in: Stephan Buchholz [u. a.] (Hrsg.), *Überlieferung, Bewahrung und Gestaltung in der rechtsgeschichtlichen Forschung*, Paderborn [u. a.] 1993. Von ihrer Schülerin Ulrike Schowe stammt *Mit Haut und Haar. Idiomatisierungsprozesse bei sprichwörtlichen Redensarten aus dem mittelalterlichen Strafrecht*, Frankfurt a. M. 1994. Zum Spezialfall afrikanischer Rechtssprichwörter liegt die Studie von Günther Schlee und Karaba Sahado vor: *Rendille Proverbs in their Social und Legal Context*, Köln 2002. Zum Schamkomplex (*Unter einer Decke stecken*) vgl. Hans Peter Duerr, *Nacktheit und Scham*, Frankfurt a. M. 1988, zur Bergpredigt (*Auge um Auge, Zahn um Zahn*) Jürgen Roloff, *Einführung in das Neue Testament*, Stuttgart 2003.

Die politischen Sprichwörter stützen sich in zwei Fällen auf Mieders *Sprichwort – Wahrwort?*, und zwar bei *Die Hunde bellen, Die Karawane zieht weiter* sowie bei *Das Lachen wird ihnen noch vergehen*. Weiterhin habe ich herangezogen: Peter Assion, *Schlaraffenland schriftlich und mündlich. Zur Wiederkehr von Märchenmotiven in der Auswanderungsdiskussion des 19. Jahrhunderts*, in: Lutz Röhrich / Erika Lindig (Hrsg.), *Volksdichtung zwischen Mündlichkeit und Schriftlichkeit*, Tübingen 1989; Hugo Blümner, *Der bildliche Ausdruck in den Briefen des Fürsten Bismarck*, in: *Euphorion* 1 (1894); Helmuth Kiesel, *›Bei Hof, bei Höll‹. Untersuchungen zur literarischen Hofkritik von Sebastian Brant bis Friedrich Schiller*, Tübingen 1979. Bei den Erläuterungen zum *toten Buchstaben* konnte ich eigene Forschungen verwenden: *Wider den toten Buchstaben*, in: Friedrich Kittler [u. a.] (Hrsg.), *Zwischen Rauschen und Offenbarung*, Berlin 2002 (unter Benutzung von Material, das Klaus Roß gesammelt hat: *Sprecherziehung statt Rhetorik*, Opladen 1994).

Zum Sprichwort im Alltag sei auf die Kommentare von Lutz Röhrich im *Lexikon der sprichwörtlichen Redensarten* verwiesen. Einzeluntersuchungen stammen von Lothar Blum und Heinz Rölleke, *»Redensarten des Volkes, auf die ich immer horche«. Märchen – Sprichwort – Redensart*, Stuttgart/Leipzig 1997; Julius Miedel, *Streit um des Kaisers Bart*, in: *Zeitschrift des* *allgemeinen deutschen Sprachvereins* 26 (1911); Matti Kuusi, *Regen bei Sonnenschein. Zur Weltgeschichte einer Redensart*, Helsinki 1957; Mieder (zu *Different strokes for different folks*), in: *Sprichwort – Wahrwort?* Zu den jüdischen Sprichwörtern verweise ich auf Ignaz Bernstein, *Jüdische Sprichwörter und Redensarten*, Warschau 1908 (Nachdr. Hildesheim 1969); Salcia Landmann, *Jüdische Anekdoten und Sprichwörter*, München 1965; Volker Dietzel, *Die ganze Welt steht auf der spitzen Zunge*, Wiesbaden 1987.

Das konservierte Brauchtum ist wieder besonders von Röhrich erschlossen. Daneben sei genannt: A. J. Storfer, *Wörter und ihre Schicksale*, Berlin/Zürich 1935; Wilhelm Fraenger, *Der Bauern-Brueghel und das deutsche Sprichwort*, Erlenbach-Zürich [u. a.] 1923. Aber es gibt auch Forschung jenseits des Interesses an Sprichwörtern, die ich benutzt habe. Dazu gehören Alain Corbins *Die Sprache der Glocken*, Frankfurt a. M. 1995 [frz. Original 1994], sowie von Werner Besch *Die Rolle Luthers in der deutschen Sprachgeschichte*, Heidelberg 1999.

Die kleine Poetologie des Sprichworts benutzt zahlreiche Beispiele und ihre Erläuterungen aus Röhrichs *Lexikon*. Zu den Antisprichwörtern vgl. Mieders *Antisprichwörter*, 3 Bde., Wiesbaden 1982–89. Weiter verweise ich auf J. Dielitz, *Die Wahl- und Denksprüche, Feldgeschreie, Losungen, Schlacht- und Volksrufe besonders des Mittelalters und der Neuzeit*, Frankfurt a. M. 1884 (Nachdr. Vaduz 1963); Josef Kopperschmidt, *»Lieber theorielos als leblos«. Anmerkungen zur Sprüchekultur*, in: *Muttersprache* 97 (1987); Friedrich Ohly, *Vom Sprichwort im Leben eines Dorfes*, in:

Volk, Sprache, Dichtung (FS Wagner), Gießen 1960; Ernest W. B. Hess-Lüttich: *Kontrastive Phraseologie im DaF-Unterricht*, in: Annette Sabban / Jan Wirrer (Hrsg.), *Sprichwörter und Redensarten im interkulturellen Vergleich*, Opladen 1991.

Schließlich stützen sich die Beiträge zu den großen Sammlern stets zunächst einmal auf die Kommentare der Herausgeber. Deshalb hier die Ausgaben, die ich benutzt habe: Aristoteles, *Rhetorik*, hrsg. von Franz G. Sieveke, München 1980; Erasmus von Rotterdam, *Adagia*, Lat./dt., hrsg. von Anton J. Gail, Stuttgart 1983; Erasmus von Rotterdam, *Adagiorum chiliades. Mehrere tausend Sprichwörter und sprichwörtliche Redensarten* (Auswahl), in: Erasmus, *Ausgewählte Schriften*, hrsg. von Werner Welzig, Bd. 7 (hrsg. von Theresia Payr), Darmstadt 1972; *Luthers Sprichwörtersammlung*, hrsg. von Ernst Thiele, Weimar 1900; *Ein kurtzweilig Lesen von Dil Ulenspiegel*, hrsg. von Wolfgang Lindow, Stuttgart 1966; Johann Agricola, *Die Sprichwörtersammlungen*, 2 Bde., hrsg. von Sander L. Gilman, Berlin / New York 1971; Ernst Meisner, *Hundertdreiunddreißig gotteslästerliche, gottlose, schändliche und schädliche, auch unanständige und teils falsche Sprüchwörter*, Eisenberg 1705 (Nachdr. Leipzig 1974); Johann Michael Sailer, *Die Weisheit auf der Gasse*, hrsg. von Carl Amery, Frankfurt a. M. 1996; J[osua] Eiselein, *Die Sprichwörter und Sinnreden des deutschen Volkes in alter und neuer Zeit*, Donauöschingen 1838; Karl Simrock, *Die deutschen Sprichwörter*, hrsg. von Wolfgang Mieder, Stuttgart 1988; Karl Friedrich Wilhelm Wander, *Deutsches Sprichwörter-Lexikon*, 5 Bde., Leipzig 1867–80 [Nachdr. Darmstadt 1964; auf

CD-ROM bei Zweitausendeins]; Karl Friedrich Wilhelm Wander [alias N. R. Dove], *Politisches Sprichwörterbrevier*, Leipzig 1872. Im Einzelnen genannt seien ferner: Renate Bebermeyer, *Lehnsprichwörter als Mittel zur Sprachbereicherung bei Lessing*, in: *Sprachspiegel* 35 (1979); Friedrich Seiler, *Goethe und das deutsche Sprichwort*, in: *GRM* 10 (1922).

Abbildungsnachweis

Zum Autor

Karl-Heinz Göttert ist Germanistikprofessor an der Universität Köln. Der Schwerpunkt seiner Forschungen liegt im Bereich der Kulturgeschichte, speziell der Rhetorik (besonders: *Geschichte der Stimme*, München, ^{2}2004), der Konversationstheorie (*Kommunikationsideale*, München 1988) und der Magie (*Magie*, München 2001). Beim Versuch, für die Jubiläums-Edition von Reclam die Reste des Aberglaubens im Alltag in kleinen Essays zu behandeln (*Daumendrücken*, Stuttgart 2003), tauchten erste Sprichwörter auf. Sie haben sich zu einem Nachfolgeband ausgewachsen, der wieder Undurchschautes ans Licht zieht. Mit der für ein breiteres Publikum bestimmten Darstellungsart hat Karl-Heinz Göttert langjährige Erfahrungen. Neben Büchern über Orgeln sind mittlerweile vier historische Kriminalromane erschienen.

Hans Traxler

Hans Traxler, geboren 1929 in Herrlich/Böhmen, studierte Malerei und Lithographie an der Städelschule in Frankfurt.
Er war Gründungsmitglied der Satirezeitschriften »Pardon« und »Titanic« und arbeitete für die Magazine von ZEIT, SZ, FAZ u.a. Darüber hinaus schrieb, zeichnete und illustrierte er bisher über vierzig Kinderbücher, Cartoonbände und Werke der klassischen Literatur.

Dieser Band gibt einen repräsentativen und äußerst vergnüglichen Überblick über sein cartoonistisches Schaffen.

Reclam